Intellectual Property

開発者のための発想道具箱

正林国際特許商標事務所
AIPE認定 シニア知的財産アナリスト（特許）
二級知的財産管理技能士

鳥海　博 著

吉幸林

はじめに

　あなたは、これまで商品企画や研究開発をするにあたって新規商品提案や研究開発提案ができなくて困った経験がございませんか。それは日常の業務に忙殺されて知らないうちに自分自身で発想ができない思考習慣が身についてしまっているからだと思います。そのようなお悩みをかかえて、ふとこの本を手に取ってくださり誠にありがとうございます。

　本書は、企画や研究開発に携わる方々にこの発想力欠如という習慣病を治療して新しい企業活力となるようなイノベーションを起こす習慣を身に付けることを目的としています。

　また、本書の特長は、今までの同様の著書と違って発想に対して抽象的で概論的なことより、より実践的でそのまま業務にお役に立てる観点で執筆していることです。

　本書を読むにあたっては、始めから読んでいただくのも良いですし、途中から使える部分（例えば第7章 18の視点について）を読むだけでも良いと思います。

　特に、発想の実施例を挙げて数多く提示してイメージが理解しやすく構成されていますので、必要なところのみに絞って活用もできます。また、グループで実践できるようにワークショップの仕方も書いていますので、本書の活用範囲は広いと考えています。

　本書を活用することで生まれる効果は、実践的な発想支援です。持続的イノベーションと破壊的イノベーションの違いを理解いただくとより一層柔軟な発想ができる体質改善を促す効果が見込めます。

　特に、世界初の商品やビジネスモデルに対して使える部分（第12章 破壊的イノベーション創出ピラミッド）と未来シナリオという概念を理解いただけると幸いです。

　本書を執筆するにあたって、筆者のこれまでの経験に基づく考えを日本の次の世代に継承することを理念としました。筆者は、企業で技術開発、生産技術、企画、研究開発、知的財産、新規事業開発と歩み、経験を積んできました。他の著作者と比べて、より広い観点の著作であると自負しております。

　知的財産の視点とか技術者の視点だけではなく総合的な発想が継続的な事業の発展に寄与し、社会貢献が生まれていくことが最終目的です。

本書を読むことで、あなた自身に発想のスキルを身に付けるだけに留まらず、グループで発想を行うリーダーとなり、グループメンバーに発想する習慣の波及効果をもたらすでしょう。そして、あなたの企業の発展となる一助となれば幸いです。

目　次

第1章　本書の目的 …………………………………………… 1

第2章　発想の必要性 ………………………………………… 5

第3章　イノベーションの種類 …………………………… 9
　　1．継続的イノベーション …………………………… 10
　　2．破壊的イノベーション …………………………… 11

第4章　イノベーションの阻害要因……………………… 15
　　1．学問的な阻害要因 ………………………………… 16
　　2．企業における阻害要因 …………………………… 18
　　3．専門家だからこそ陥る失敗例 …………………… 24
　　4．発想の達人に聞いてみた ………………………… 24

第5章　発想のウォーミングアップ……………………… 27
　　1．決めつけない ……………………………………… 28
　　2．過去の経験に縛られない ………………………… 29
　　3．視点を変える ……………………………………… 30
　　　　Let's think_ 身近なもの1（割りばし）………… 31
　　　　Let's think_ 身近なもの2（コップ）…………… 31

第6章　持続的イノベーションの発想構造と注意点⋯⋯⋯　33

1. 持続的イノベーションの発想構造　⋯⋯⋯⋯⋯⋯⋯⋯　34
2. 持続的イノベーションの注意点　⋯⋯⋯⋯⋯⋯⋯⋯　35
3. 持続的イノベーションの問題定義の仕方　⋯⋯⋯⋯　38
4. 問題認識フェーズの陥りやすいパターン　⋯⋯⋯⋯　40

第7章　18の視点について　⋯⋯⋯⋯⋯⋯⋯⋯⋯　41

1. 期待できる効果　⋯⋯⋯⋯⋯⋯⋯⋯⋯⋯⋯⋯⋯　42
2. 発想法とは道具　⋯⋯⋯⋯⋯⋯⋯⋯⋯⋯⋯⋯⋯　42
3. 18の視点の対象領域　⋯⋯⋯⋯⋯⋯⋯⋯⋯⋯⋯　43
4. 18の視点のご提案　⋯⋯⋯⋯⋯⋯⋯⋯⋯⋯⋯　44
5. 18の視点の注意点　⋯⋯⋯⋯⋯⋯⋯⋯⋯⋯⋯　45
6. 18の視点の使い方　⋯⋯⋯⋯⋯⋯⋯⋯⋯⋯⋯　45

第8章　18の視点の紹介　⋯⋯⋯⋯⋯⋯⋯⋯⋯　47

1. 素材本来の形状や性質にこだわってみよう　⋯⋯⋯⋯　48
2. 素材本来の性質の変化に注目してみたらどうでしょう　⋯⋯⋯　53
3. バラバラに分けてもいいじゃないか　⋯⋯⋯⋯⋯　57
4. 合体ロボの感覚で考えてみよう　⋯⋯⋯⋯⋯⋯　59
5. 3Dだってあるじゃないか　⋯⋯⋯⋯⋯⋯⋯⋯　61
6. 動かし方にもコツがある　⋯⋯⋯⋯⋯⋯⋯⋯⋯　62
7. 事前の一策は事後の百策に勝る　⋯⋯⋯⋯⋯⋯　64
8. エンジニアからチェンジニアになってみよう　⋯⋯⋯　66
9. お見合いばあさんで行こう　⋯⋯⋯⋯⋯⋯⋯⋯　68
10. 自分のことは自分でしなさい⋯⋯⋯⋯⋯⋯⋯⋯　69
11. モノは考えよう⋯⋯⋯⋯⋯⋯⋯⋯⋯⋯⋯⋯⋯　71
12. さじ加減も大切だ⋯⋯⋯⋯⋯⋯⋯⋯⋯⋯⋯⋯　72
13. いいかげんもたまにはいいかも⋯⋯⋯⋯⋯⋯⋯　74
14. 天秤にかけて同じにしようよ⋯⋯⋯⋯⋯⋯⋯⋯　75
15. フラクタルって無限なの⋯⋯⋯⋯⋯⋯⋯⋯⋯⋯　77

16．アンバランスもバランスのうち ……………………………… 79

17．次から次へのパイプライン …………………………………… 81

18．「時空」「条件」「部分と全体」を意識しよう ………………… 83

【18 の視点のまとめ】
Let's think_ 身近なもの 3（ペットボトルの問題点）…………… 86

第 9 章　18 の視点のワークショップ ………………………… 87

1．ワークショップ構造 ……………………………………… 88

2．基本実習フロー ……………………………………………… 89

3．準備 ………………………………………………………… 90

4．課題に対するメンバーの共通認識形成 ………………… 91

5．18 の視点によるアイデア出し ………………………… 92

6．アイデアの評価とまとめ ………………………………… 94

7．権利化に必要な事項の書き出し ………………………… 96

第 10 章　持続的イノベーションの限界 ……………………… 99

1．技術のイノベーションだけでは限界がある ……………… 100

2．価値観尊重 ………………………………………………… 101

3．市場に注目 ………………………………………………… 101

4．生活の変化 ………………………………………………… 102

5．世論調査 …………………………………………………… 102

第 11 章　破壊的イノベーションのための発想構造 ………… 103

1．新規の発想構造 …………………………………………… 104

2．対象領域 …………………………………………………… 105

3．守破離の考え方 …………………………………………… 105

第12章　破壊的イノベーション創出ピラミッド ……………… 109

1．先入観を捨てるには　…………………………………………… 111

2．顧客価値観を尊重する　………………………………………… 111

3．メタファ　………………………………………………………… 112

4．破壊的イノベーションの発想法　……………………………… 114

5．破壊的イノベーション創出ピラミッド　……………………… 114

　　　Let's think_ 身近なもの4（ドア）

　　　Let's think_ 身近なもの5（カーナビ）

第13章　未来シナリオからの発明発想法 …………………… 117

1．未来シナリオとは　……………………………………………… 118

2．未来シナリオからの発想法のポジショニング　……………… 118

3．なぜ未来シナリオからの発想法が必要なのか　……………… 122

4．未来シナリオからの発想法を行うには　……………………… 127

5．未来シナリオの基本方針　……………………………………… 135

6．未来シナリオからの発想法の進め方　………………………… 140

7．未来シナリオの実施例　………………………………………… 160

第14章　まとめ ……………………………………………… 173

Let's think の回答集 ……………………………………… 177

クイックナビゲーション　＜本書の使い方＞

①　すぐにでもアイデア会議を行いたい。

　8．18の視点の使い方
　11．18の視点のワークショップの仕方
　9．18の視点

② 　持続的イノベーションと破壊的イノベーションの違いが知りたい

　6．持続的イノベーションの発想構造と注意点
　12．持続的イノベーションの限界
　13．破壊的イノベーションのための発想構造

③　破壊的イノベーションを考えたい

　14．破壊的イノベーション創出ピラミッド

第1章
本書の目的

第1章　本書の目的

　技術者は開発や設計業務に追われて専門性や開発効率を追求するあまり、いつのまにか知らないうちに自分自身で発想ができない思考習慣が身についてしまっています。本書は、技術者にこの習慣病を治療して新しい企業活力となるようなイノベーションを起こす習慣を身に付けることを目的としています。図1をご覧ください。

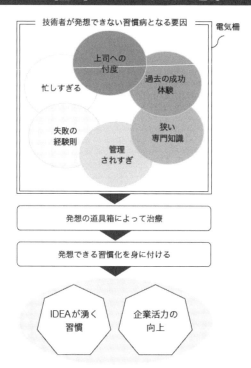

【図1】　イノベーションの目的

例えば、電気柵で囲われて放牧されている牛が、たまたま電気柵に触れて電気ショックを受けて痛みを受けると電気柵に近づきません。その後、節電のために電気柵の通電をやめても電気柵に近づきません。

このように技術者は、一度失敗したらそれが負の学習効果となって、類似の発想をしなくなる傾向があります。また、若い技術者から提案を受けても「それは、過去やって駄目だった」と経験則で否定することもあります。

本書は、過去と同じ発想でも視点を変えることで違った解決法を見つける一助として活用していただけると思います。

特に発想の道具箱では、発想の漏れが無いかをチェックするのに活用できます。さらにイノベーションが2種類あって、その使い分けもご理解いただけますと幸いです。

【電気柵】

一般的に農作物を動物に荒らされないためや家畜が逃げないように電気を流している囲いです。動物や家畜が電気柵に触れることで電気ショックによる痛みを与えることで動物や家畜は、「電気柵は危険」と学習します。これによって、電気柵に近づかないようになります。

第 2 章
発想の必要性

第2章　発想の必要性

　なぜ日本でイノベーションが必要なのでしょうか。内閣府のイノベーション25によれば、今後の日本の潮流は、3つのポイントを指摘しています。図2をご覧ください。

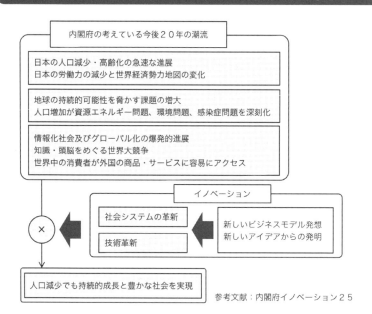

①日本の人口減少と高齢化の急速な進展

　日本の労働人口減少によって高齢者を支える日本の社会構造の変化と相対的な世界経済勢力の変化が挙げられます。

②地球の持続的可能性を脅かす課題の増大

　人口増加による資源エネルギー問題や環境問題及び新型コロナウイルス等の感染症問題の深刻化が挙げられます。

第2章　発想の必要性

③情報化社会及びグローバル化の爆発的進展

　知識・頭脳をめぐる世界大競争が展開され、世界中の消費者が外国の商品・サービスに容易にアクセスできる環境が、これまでと違った新しいビジネスモデルと秩序を構築しつつあります。

　上記の潮流に対して物質的資源の無い日本にとって人知によるイノベーションは、必須条件であり、新しいビジネスモデルの発想と新しいアイデアからの発明により、社会システムの革新と技術革新を進め、結果として人口減少となっても持続的成長と豊かな社会を実現する必要があります。

7

第3章
イノベーションの種類

第3章　イノベーションの種類

　では、一口でイノベーションと言っても、どのようなことをいうのでしょうか。イノベーションは、大きく2種類あります。一つは、継続的イノベーション、もう一つは破壊的イノベーションです。図3をご覧ください。

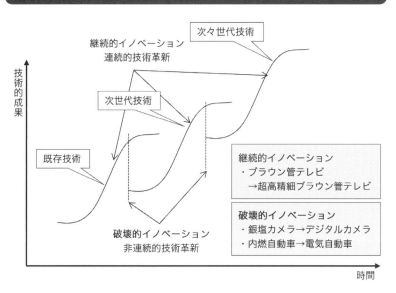

【図3】　イノベーションは2種類ある

1．継続的イノベーション

　継続的イノベーションは、現在の商品について顧客のニーズにより基本技術の延長線上での連続的な技術的革新です。顧客はより良いものを求めて、機能や性能及び低価格を要求します。その要求はアンケート調査などで、顧客の顕在化された要求を知ることとなります。

　例えば、今は無きブラウン管テレビに対して「大型化」「超高精細化」「低価格」などを求めます。結果として、大型化では、通常の14インチが主流だったことから37インチなどです。これらは、顧客の要求に対して連続的な技術的革新なので顧客満足を得ることができます。

2．破壊的イノベーション

破壊的イノベーションは、現在の商品についてではなく、基本的な顧客のウォンツにより基本技術の延長線上ではなく非連続的な技術的革新です。顧客は商品が欲しいのではなく、それによって得られる体験とか経験とかを求めます。その要求はアンケート調査などでは分かりづらいです。顧客の潜在化された要求を知ることとなります。

例えば、フィルムカメラは現像工程が必要であると顧客が当然として受け入れていました。ある意味では、顧客が不便さに飼いならされていたということです。ところが潜在化された要求の一つとして、すぐにでも写真の確認がしたい、写真の加工がしたいなどがありました。結果として、フィルムカメラからデジタルカメラへとなりました。その時点では、デジタルカメラで撮った画像をパソコンに取り入れてメールで送るという作法が当たり前と思っていました。そこで潜在化された要求の一つとして、さらに撮った写真をみんなとすぐにでも共有したいというがありました。そこで、写真を取る行為はデジタルカメラからスマートフォンへ移行しました。それによる文化としてインスタ映えを目的として、昔のように写真をアルバムで取っておくなどの習慣が無くなりつつあるのは周知の事実です。これらは、顧客の潜在的要求に対して非連続的な技術的革新なので顧客感動を得ることができます。

継続的イノベーションは、技術の黎明期から発展期そして成熟期と連続的な技術的革新なので、最後は技術的成果が望めなくなってきます。それに対して破壊的イノベーションは、顧客のウォンツ（潜在的欲求等）を満たすという次元から、今までの技術にとらわれないところ技術視点からスタートします。技術は顧客のウォンツを満たす道具であって、顧客はその技術や商品が欲しいわけではありません。破壊的イノベーションの技術は、非連続的な技術的革新で黎明期において素朴だったり原価が異常に高かったりして、ほとんど見向きもされません。

例えば、フィルムカメラ最盛期の1997年夏に発売開始されたソニーのデジタルカメラでマビカ（MVC-FD7）というものがありました。なんと記録媒体が3.5インチ1.44MBのフロッピーディスクです。図4をご覧ください。

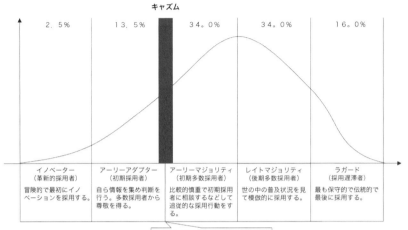

　その当時は物珍しさで、一部のいわゆるロジャースの採用分布曲線のイノベーター層やアーリーアダプター層くらいしか購入されておりませんでした。導入が早すぎたためにジェフェリー・ムーアのキャズム理論の通り、イノベーター層やアーリーアダプター層からアーリーマジョリティへの採用の壁がありました。
　しかしながら、破壊的イノベーションは、図3に示していますように、はじめはよちよち歩きの技術ですが、フィルムカメラからデジタルカメラへと、デジタルカメラからスマートフォンへとなりました。自動車もエンジンからハイブリッド車さらに電気自動車へ移行が進んでいるのは周知のとおりです。さらに具体的例として図5をご覧ください。

第3章　イノベーションの種類

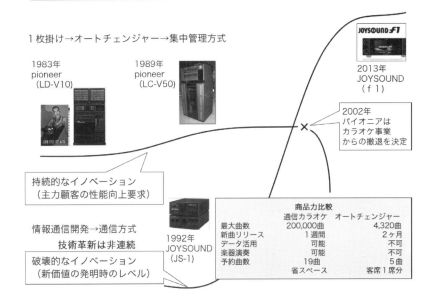

【図5】　将来の事業を見据えた発想力の必要性

　これはカラオケの例です。昔は、流しといってギターを持った演奏者が伴奏を付けており、その後テープカラオケ、曲の頭出しを早くするために8トラックテープカラオケ、映像テロップが付いたレーザーディスクカラオケ、レーザーディスク版を作る時間遅延を解消し、新曲のリリースが早くて曲数の多い通信カラオケと破壊的イノベーションの連続を行っています。レーザーディスクカラオケでの継続的イノベーションは、1枚手掛けのプレーヤーからオートチェンジャーへ、そして集中管理方式へ変遷していったことです。結局、継続的イノベーションは、破壊的イノベーションにとって代わってしまいました。

第4章
イノベーションの阻害要因

第4章　イノベーションの阻害要因

　ここでイノベーションを阻害するいくつかの要因の説明をします。図6を
ご覧ください。

【図6】　学問的な阻害要因

ジョイ・ギルフォードの5つの発想阻害要因 → 学問的

　①機能的固着
　　　　　　→過去の成功体験に固定概念に囚われる。
　②同調傾向
　　　　　　→場の雰囲気に流される（日本人的）。
　③権威主義的雰囲気
　　　　　　　→第一人者や社長が言うから従っておけばいいさ。
　④ゆとりのなさ
　　　　　　→目の前の仕事だけで目一杯。
　⑤与えすぎ
　　　　　　→発想する前に答えを教えてしまう。

1．学問的な阻害要因

　ジョイ・ギルフォードの5つの発想阻害要因というがあります。これは、
学問的な分析です。

①機能的固執

　人間は、過去の成功体験に対する固定観念に囚われてしまう傾向があり
ます。技術者でいえば、過去に経験した技術的課題を悩んだ挙句に上手に
解決した解決方法に囚われて、それ以外の技術的解決方法を考えることさ
えしなくなります。逆にこのような技術的課題を初めて経験する自社の若
手技術者やこの技術的課題を初めて知った他社技術者からイノベーショ
ンが生まれ、特許に結びつくことが往々にしてあります。

②同調傾向

　特に日本人にとって場の雰囲気に流されることが多い。ビジネスにおいて、会議やプレゼンテーションの進行の新鮮味に欠ける展開などがそうです。いつも通りの展開や、関係者の思惑通りの展開に陥っている場合の「予定調和」状態です。技術者でいえば、技術的課題を解決するにあたって、あらかじめ各々に技術的課題を与えておかずに、いきなり会議で技術的課題を出して解決案を出し合うときに、その場の雰囲気で「予定調和」となって、いつもの当たり障りのない解決方法となり、イノベーションが生まれないことが往々にしてあります。

③権威主義的雰囲気

　これも日本人は多いと思われます。特にその技術の第一人者や事業部長などの上位者が技術的解決案などを出すと、誰も反対意見が出せないことがあります。「あの技術領域は、スペシャリストの○○さんが言うのだからその通りなのだろう」「事業部長が、そう言うのだから従っておけばいいさ」このような権威主義的雰囲気で、みんなで知恵を絞ろうとすることをせず、思考停止状態に陥ります。

④ゆとりのなさ

　とにかく目の前の仕事をこなすだけで、忙しすぎて考える暇もない。皆さんもこのような経験があると思います。心理的にも追い込まれると、もっと効率の良い仕事の段取りが必要だと思っていても、やっつけ仕事になってしまうことが多いです。

⑤与えすぎ

　よくあるのは、上司が部下に命題を与えて、良い提案を考えさせることをします。ここで肝心なのは、部下に考えさせることが大事であって、それが部下の成長につながります。ところが、部下が困っていると「親切心」や「待てない」などの理由で、部下が発想して結論を出す前に答えを教えてしまうことがあります。この場合、答えを教えるのではなく考えるヒントや方向性を暗に示すとか、個人的ファシリテーションなどを行って、部下に発想の気付きを引き出すことが大事です。

2．企業における阻害要因

　企業で良く起こる阻害要因として、「発想しない」「発想できない」という2つのフェーズがあります。また、各々のフェーズには、「企業組織の問題」と「個人意識の問題」が存在します。

　なぜ発想しないかについて図7をご覧ください。

【図7】　なぜ発想しないのか

企業組織の問題

- 企業側の現状満足や慢心→トップメーカーゆえの現市場の秩序を望む
- 現状問題認識の甘さ→チャレンジャーの破壊的イノベーションの軽視
- 発想するゆとりを与えない環境風土→納期厳守、原価低減、短期利益

個人意識の問題

先を考えるのは上司の役目	発想意欲欠如（発想は面倒な事）
業務の惰性（今まで問題ない）	目的欠如（研究のための研究）
専門家のプライド（当たり前だ）	問題の答えは調べるもの意識

【企業組織の問題】

①企業側の現状満足や慢心

　よくあるのは、自社が業界のリーダー企業の場合、チャレンジャー企業による現市場の変革を好まず、安定的な秩序を望むがゆえに考え方が固定してしまうことがあります。例えば、若い社員が新しい提案を上司に進言したときに「今の事業がうまくいっているのに何故そんなことをしなければならんのだ」とか「リスクを負ってまですることか」とか言われてしまうことです。

②現状認識の甘さ

自社が業界のリーダー企業の場合、チャレンジャー企業の破壊的イノベーションを軽視してしまう傾向があります。前にも述べましたが、破壊的イノベーションは技術的に未熟であったり、採算ベースにあわなかったり、黎明期で海のものとも山のものともはっきりしません。リーダー企業は、マーケティング戦略の全方位戦略を取りますが、業界の仕組みをひっくり返してくるチャレンジャー企業の動きを常に監視しておく必要があります。例えば、チャレンジャー企業の破壊的イノベーションに対して「まあ、あの商品は、ものにならんよ」とか「収益まで時間がかかるからほっぽっておけばよい」などと認識が甘いことがあります。

③発想するゆとりを与えない環境や風土

重要視されるのが「納期厳守」「原価低減」「短期利益」という現状維持の継続的反復を行っていると、いつの間にか他社に後れを取ってしまいます。

例えば、新規発想をして今までの仕事の仕方を改善する提案をもって行っても「そんなことを考える暇があったら、納期を守って、原価を抑えて、短期で利益が出ないと何もできない」と言われてしまいます。

【個人意識の問題】

①先を考えるのは上司の役目

担当は、与えられたラインの仕事をするもので、先を考えて新規計画を立てたりなどのマネジメントは上司がするものであると認識していることが問題です。この段階で発想することを放棄しています。与えられたラインの仕事を繰り返しするだけですと現状肯定ばかりで、現状を変えていこうという意識が生まれることはありません。

②発想意欲欠如

この忙しいのに発想するなど面倒な事と認識しているケースが見られることがあります。発想が苦手だと自分自身が思っている人に見られがちな考えです。この場合、後で述べます18の視点をグループで活用することで発想の苦手意識を克服できる可能性があります。

③業務の惰性

業務の惰性とは、今までやってきた技術的解決方法や仕事の段取りなどで、「今まで問題が無かった」で片づけてしまうことがあります。

自身の方法が正しくても、それを取り巻く環境や新技術及び顧客の要求などが変化してしまい、次第に時代にそぐわなくなることがあります。

④目的欠如

特に研究者が陥る場合があります。研究のための研究を行っていて、研究自身が問題解決の手法や方法でなく、目的にすり替わってしまう場合です。特に新人が研究室に配属になって、先輩研究員の指示に従って、ひたすら研究していると、このようなことが起こります。

この場合、新人研究員は、先輩研究員や研究室長に、何の目的でこの研究が必要なのかを説明してもらう必要があります。もしかしたら、研究室長自身も答えられないこともあるかも知れません。

⑤専門家のプライド

これも研究者によくあるパターンです。とくに専門分野でエキスパート研究者が陥るケースが多いです。専門領域で昔から何の疑問もなく教えられてきたことは、その時点で固定観念が出来上がってしまっています。専門家に素朴な質問をしてしまうと、「そんなの当たり前だ。もっと勉強してから質問しなさい」とやられてしまいます。

⑥問題の答えは調べるものの意識

このごろ多いのは、今までなかった問題点を見つけた場合に答えは調べれば良くて（例えばgoogleで検索）納得してしまうケースがあります。今までなかった問題は、最初に調べることは大事ですが、それを自分の問題にどのように当てはめるか、活用するかは、自分自身で考えて発想するのが良いと思われます。

なぜ発想できないかについて図8をご覧ください。

第4章　イノベーションの阻害要因

【図8】　なぜ発想できないのか

企業組織の問題

- 会議における同調傾向や予定調和→場の雰囲気に流される
- 権威主義的雰囲気→第一人者の意見は常に正しい
- 発想する前に答えを与えてしまう環境→これはこうしておけばよい

個人意識の問題

発想の仕方を知らない	顧客の立場の理解不足
多角視点で考える訓練の欠如	本質追求の経験が少ない
関連知識が少なすぎる	発想の喜びを知らない

【企業組織の問題】

①予定調和

　会議における同調傾向や予定調和など場の雰囲気に流されてしまうことが多々あります。

　この場合、会議での無駄な緊張感を取り除き、会議での決定権を持つ者が率先して、自由な場の雰囲気を作り上げることが大事です。例えば、簡単な冗談やアイスブレイク的な発言をしてから会議を始めるのは良いでしょう。

②権威主義雰囲気

　研究発表や研究企画会議で起こる現象です。その分野の第一人者の意見ばかりを重要視して、第一人者の意見は常に正しいと思ってしまいがちです。そこは、発想の多様性を重視して行うことが大事です。

21

③発想する前に決定

発想する前に上司等から「これはこうしておけばよい」とか言われて、答えを出されて決めつけがあったりする場合があります。なかなか、逆らえないのですが、上司に「確かにこのような方法が良いとは思いますが、こんな方法もあると思いますがいかがでしょうか」など、いったん上司の意見を汲みながら、提案する方法もあります。

【個人意識の問題】

①発想の仕方を知らない

そもそも発想の仕方を知らない方がいます。その場合は、本書の18の視点をぜひ活用してください。特にグループで行うと連想的に発送できるようになります。例えば、他人の発想に乗りで適当な発想をあえてしてみるとかすると発想のコツがつかんできます。まずは、自分自身の固定観念の破壊から始まります。

②顧客の立場の理解不足

アイデア発想会議や商品企画会議及び特許発掘会議などで、発想が行き詰まることがあります。たいてい、細かい議論に陥り、自社の都合での議論になっていることが多々見受けられます。この場合は、いつの間にか顧客視点を忘れてしまっています。ここでも目的を方法論で議論されてしまう、または技術論だけや機能論だけで進めてしまうとこのようなことになります。この場合は、いったん会議を休息して「そもそも顧客の欲するところは何だっけ」から仕切り直しをするのが良いと思われます。技術やマーケティング理論は、顧客満足をさせたり、顧客感動させるための道具や方法であることを常に意識することが必要です。

③多角視点で考える訓練の欠如

一方的な視点で発想すると、いつの間にか発想の束縛に入り込んでしまいます。追求して発想すればするほど深入りできますが、発想の幅はますます狭くなり、最後には何も思いつかない事態に陥ります。

この場合は、発想の前に紙などに発想視点を羅列して、その視点のつな

がりを蜘蛛の巣状にリンクを書き留めてから、発想が尽きそうになったら他の視点で考えるようにしましょう。

④本質追及の経験が少ない

　これは、現在目に見える他社商品を見たり、コンパリソンリスト（他社商品競合比較表）を前にして議論をすると陥りやすいことがあります。特に機能や性能などのスペック競争に発想の議論になると、顧客の本当の満足や感動から離れた企画や技術開発とはずれてしまうことはあります。この場合、なぜ顧客にとってそのスペックや技術が魅力なのかを考える必要があります。顧客はスペックや技術を買うのではありません。あくまで、使った時の満足感や感動及びその商品についての蘊蓄などのメタデータ的なところにお金を払うという本質追及することを忘れてはなりません。

⑤関連知識が少なすぎる

　発想は、現状認識を多角的に分析して、その延長線上で当たり前の結論に導く積み重ね論理では、なかなか難しいです。ただ、現状認識するための関連知識が少なすぎるために、十分な現状認識ができていない場合があります。

　その場合、現状を多角的に分析しておく。何が出来て、何が足りないのかを認識する必要があります。

⑥発想の喜びを知らない

　発想して特許出願をして登録になったとか、その発想を具体的な技術に落とし込んで開発した商品がヒットしたとか、その発想がもたらした結果を享受出来たら幸せです。些細な発想でも大事にしてください。

　例えば、発想したら忘れないようにノートに書き溜めるのも良い方法です。後で見返して、10件発想しても大抵駄目な発想がほとんどですが、発想を継続する訓練を行うことが大事であると思います。

3．専門家だからこそ陥る失敗例（思い込みは危険）

　専門家だからこそ陥る失敗例の説明をします。ある通信端末でセンター側と通信エラーがたまに起きるトラブルが発生いたしました。考えられるのは「センター側ソフトのバグ」「通信経路の何らかの不具合」「端末側ソフトのバグ」「端末側のハードウェア設計ミス」です。一つ一つ原因解決に向けて調査を進めました。

　「センター側のソフトのバグ」は、センター内に疑似端末を設けて問題ないことを確認しました。「通信経路の何らかの不具合」も各サーバでの通信ログ試験で問題がありませんでした。「端末側ソフトのバグ」もソフト開発者でない第三者で論理チェックして問題ないことがわかりました。

　最後に残ったのが「端末側のハードウェア設計ミス」です。電源の安定性やバスラインなどすべて見たのですが問題がありません。ただ不思議なのは「端末側ソフトのバグ」の検出のために埋め込んだソフトウェアトラップを仕掛けると、ソフトウェア命令と命令の間で現象が起こるのです。

　専門家は、すべてが絶対と思い込んでいましたが、最後にマイコンチップのマニュアルを何気に見たら「インタラプト処理（通信割込み処理）には4マシンサイクル後に処理する」とあり、そもそも絶対信用していたマイコンチップに落とし穴がありました。

　専門家だからこそ、こうあるのが当たり前だと思い込んで、別次元の発想ができなかった例です。結果的にマシンサイクルをワンランク上のチップを使うだけで対策終了となりました。

4．発想の達人に聞いてみた

　発想の達人は、どのような発想の習慣をするのか機会があったので聞いてみました。元タカラトミーで、バウリンガル（犬の気持ちが分かる声紋分析機）で、イグノーベル賞を受賞した梶田政彦氏の発想の7つの習慣です。図9をご覧ください。

第4章　イノベーションの阻害要因

【図9】 達人に聞いてみた（元タカラトミー）

発想の７つの習慣→属人的
　（イグノーベル賞受賞者　梶田氏への実録インタビュー）

　①アイデアに常識はない。常識はあえて無視しろ
　　　　　　　（やってもいないのに駄目だというな→ビールサーバ）。
　②問題を疑え。問題自身が問題かも。
　③ひたすら考え続けるが、何もしない時間を作れ。
　④頭の中に３日間残ったアイデアを深堀せよ。
　⑤Bestのアイデアと思っても必要なら自ら修正する
　　　　　　　（但し、変更理由は明確にする）。
　⑥アイデアが出たら風呂場でも飲み会でもすぐメモする。
　⑦アイデアは数日寝かせる。

①アイデアに常識は無い

　当たり前のことですが常識はあえて無視しろ。やってもいないのに駄目だと言うな。「なんちゃってビールサーバー」は、開発チーム全員でビールを飲みながら開発した。

②問題を疑うことが大事

　問題自身が問題の場合が多い。もしかしたらそもそも問題が無いのか、問題が２つ入っているのかも疑う。

③ひたすら考えるけれど、何もしない時間を作ること

　ひたすら考えて潜在意識まで追い込むと、何もしないときに発想が沸く場合が多い。よく言われることであるが、入浴中とか思いついて、すぐメモを取る。

④頭の中に３日間残ったアイデアを深堀

　頭の中に３日間残ったアイデアは、理屈ではなく気になって仕方がないアイデアです。これを違って視点で深堀するとさらに良いアイデアがでる。

⑤ Best のアイデアと思っても必要なら自ら修正する

　自分自身で惚れ込んだアイデアでも間違いがあれば自ら修正する。大事なところは、自ら修正し、修正理由は明確にすること。

⑥アイデアが出たらメモ

　アイデアが出たら風呂場でも飲み会でもすぐメモを取る習慣を身に着ける。

⑦アイデアは数日寝かせる

　アイデアが出ても寝かせて再度深堀を行うことが大切。

第5章
発想のウォーミングアップ

第5章　発想のウォーミングアップ

では、実際に発想のウォーミングアップをしてみましょう。

1．決めつけない

問1：抵抗器って何？

「電気を通りにくくする部品と教えられました」これでどうでしょうか。

微妙に違う多面性があります。特に技術者は、定義に縛られる危険性があります。

　①微妙に違う多面性　　　電圧を分圧する部品
　　　　　　　　　　　　電流を制御する部品
　　　　　　　　　　　　電力を消費する部品
　　　　　　　　　　　　発熱する部品
　　　　　　　　　　　　保護部品

部品等の名称は記号であって用法まで規定していないことがあります。

【図10】　決めつけない

抵抗器って何？

「電気を通りにくくする部品でしょ！」

微妙に違う多面性（決めつけや定義に縛られる危険性）
　・電圧を分圧する部品　　　・電圧を発生する部品→×電力
　・電流を制御する部品　　　・発光や発熱する部品
　・電力を消費する部品　　　・回路保護にも使うよ→×記号化

②椅子は座るもの　　　　　→ 脚立の代わり等
　電池は電気を蓄えたもの　→ ペーパーウェイト
　　　　　　　　　　　　　→ 円筒のコロの代わり
　鉛筆は筆記用具　　　　　→ 木の部分を燃やして暖を取る
　　　　　　　　　　　　　→ 芯は抵抗器

【図11】

名詞は記号であって用法まで規定してない

↓

椅子は座るもの、電池は電気を蓄えたもの、鉛筆は筆記用具
→→→決めつけは危ない！

↓

椅子は脚立、電池は重り、鉛筆は暖を取る

2．過去の経験に縛られない

　図12をご覧ください。

【図12】　過去の経験に縛られない

経験知識は、発想の阻害用になる時がある。

↓

車はキーで施錠外しエンジン始動する。
→スマートフォンでエンジン始動する。

↓

カーナビは、地図が必要だ→本当ですか？

経験と知識は発想の阻害要因になることがあります。
　①車はキーで施錠を外しエンジン始動するがそれ以外では駄目か
　　→スマートフォンでも、ICカードでも、音声でも何でもよい

　②カーナビに地図が付いているが必要か
　　→交差点の手前で矢印が出ればよい、ロボットが方向を指し示してもよい

3．視点を変える

視点を変えると見えてくることがあります。図13をご覧ください。

【図13】 立場（視点）で印象が違う

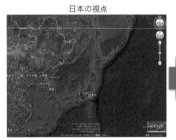
日本の視点
出典：Ｇｏｏｇｌｅ

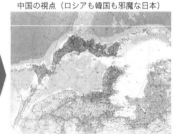
中国の視点（ロシアも韓国も邪魔な日本）
出典：日本海学推進機構

　左が世界共通の北が上の日本から見た地図ですが、中国側から見ると中国にとって日本は太平洋に出向するのに、なんて邪魔な国だろうと考えたくなるようです。相手の視点に立って考えると見えないものが見えてきます。
　男性と女性でも視点が違うことがあります。商品企画の発想のグループ討議での経験です。「アクセサリーが付いた時計」と「時計が付いたアクセサリー」で男性と女性での認識の違いがありました。男性は、どちらも同じものだと主張し、女性は全く別なものだと主張いたしました。
　女性の言い分はこうです。「アクセサリーが付いた時計」は、高価なゴージャスな時計です。しかしながら「時計が付いたアクセサリー」は、まったく納得できないとのことです。なぜなら、アクセサリーに時を知る機能は必要なく、アクセサリーは、あくまでアクセサリーであると。それ以来、商品

第5章　発想のウォーミングアップ

企画の発想のグループ討議には、必ず男性と同数の女性を参加していただく
ようにしました。

発想のウォーミングアップ

◆ Let's think_ 身近なもの１：割りばし

食事の時以外の割りばしの使い方を考えてください。目標として
10分で50件は出ると思います。解答例は178ページにあります。

◆ Let's think_ 身近なもの２：コップ

食事の時以外のコップの使い方を考えてください。目標として
10分で50件は出ると思います。解答例は180ページにあります。

第6章

持続的イノベーションの
発想構造と注意点

第6章　持続的イノベーションの発想構造と注意点

　持続的イノベーションは破壊的イノベーションに対して劣っているような印象がありますが、破壊的イノベーションが出るまでに確実の収益を稼ぐという意味では必要なイノベーションです。企業活動において、持続的イノベーションと破壊的イノベーションとは、どちらも不可欠でバランスの良い運用が求められます。

　ここでは、持続的イノベーションの発想構造と注意点及び問題定義の説明をします。

１．持続的イノベーションの発想構造

　図14をご覧ください。

　左側に従来商品、真ん中に持続的な発想、右側に新商品とシリーズに配置されます。

【図14】　持続的イノベーションのための発想構造

商　品	持続的な発想	新商品
・ハード	①機能性追求	・ハード
・ソフト	②最適解の検討	・ソフト
	③技術至上主義	
	検討項目例	
	・効率化　・低コスト化	
	・小型化　・正確化	
	・最速化　・高品質化	
	・軽量化　・省エネ化	

　従来商品の構成として「ハード」と「ソフト」とします。次に持続的な発想として抑えるべき課題は「機能性能追求」「最適解の検討」「継続的技術開発」です。これらに対する検討項目例として、生産の「効率化」、工場原価の「低

コスト化」、使い勝手良くした「小型化」や「軽量化」、顧客の操作時間短縮の「最速化」、より良い満足のための「高品質化」、SDGsの「省エネ化」等です。

これらの検討を行って新商品へとつなげていきます。

2．持続的イノベーションの注意点

図15をご覧ください。

持続的イノベーションを実施するときには注意する点がいくつかあります。

【図15】 持続的イノベーションの注意点

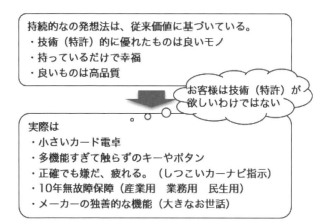

持続的な発想法は、従来価値に基づいていますので、ややもすると間違った方向で発想してしまうことがあります。例えば、技術（特許）的に優れたものは良いものであるとか、使い勝手が選べるのは多機能とか、良いものは高品質とかです。

ここでの注意点は、顧客が欲しいのは、技術（特許）が欲しいわけではありません。例えば、小型軽量化を追求したあまり名刺サイズのカード電卓などキー入力するのに使いづらいとか、多機能すぎて触らずのキーやボタン、正確なルートを間違えなく教えてくれるが何度も指示を音声でするカーナビとかなどメーカーの独善的な機能（大きなお世話）です。

図16をご覧ください。

技術者が陥りやすいパターンの説明をします。

【図16】 技術者が陥りやすいパターン

①今までの技術の延長線上で考えてみる。
②技術者の知識や経験の積み重ねの発想。
　・A=B　B=C　ゆえにA=C　新発想！と勘違い
③技術ロードマップに乗っていれば安心だ。独創性欠如
　・研究テーマ策定会議で予算が取りやすい
　　　　日本：この研究はNEDOの技術ロードマップに載っていて
　　　　　　　他社も研究してます。
　　　　米国：この研究は世界中で誰もやってない研究です。
④「研究のための研究」「開発のための開発」「知財のための知財」
　で、そもそも何のためにしているかが欠如する場合がある。

①今までの技術の延長線上で考えてみる

　例えば、機械制御をより高度な仕組みの機械制御で構成してみる。もしかしたら機械でなく電子制御のほうが簡単だったりする。

②技術者の知識や経験の積み上げ方式の発想

　A＝B　　B＝C　　ゆえにA＝C→新発想！と勘違い

③技術ロードマップに乗っていれば安心だ（独自性の欠如）

　研究企画会議で研究予算を獲得するときの質疑応答で、よく見られる光景です。日米での特徴が出ています。

　日本：

　　「この研究は、NEDOの技術ロードマップに載っております。また他社も研究しているので、当社でも負けないように研究開発すべきです。従って、これだけの予算要求します」

　米国：

　　「この研究は調査したところ、世界中で誰もやっていないテーマです。今、先行して研究しておくと、特許含めて先行者利益につながります。従って、これだけの予算要求します」

④目的欠如

「研究のための研究」「開発のための開発」「知財のための知財」で、これらが最終的に企業に貢献することを見失うことが多々あります。そして、企業とは最終顧客への社会貢献をするためにあることを意識することが大事です。

【図17】 イノベーションのジレンマ

⑤大企業のイノベーションのジレンマが発生する。
イノベーションのジレンマ：
　　大企業またはマーケットリーダーが小さな会社の新規事業や新技術が全く新しい価値を生み出す破壊的なものであっても軽視することで市場から追い出される。
　　しかし、大企業またはマーケットリーダーがその新規事業や新技術を取り入れようとすると、現在の優良な既存事業を自身で食い合う（カニバリズム）こととなる危険がある。
　　また、社内の抵抗勢力に袋叩きになる。

結果従来価値基準の発想で、「顧客満足」を得られても「顧客感動」は得られないことがある。

⑤大企業だからこそイノベーションのジレンマ

　大企業やマーケットリーダー企業が自己の慢心等でチャレンジャー企業やベンチャー企業が新規ビジネスモデルや新規技術によるまったく新しい価値を生み出す破壊的イノベーションを無視または軽視することで市場から追い出される。つまり、自己改革ができないために起こる現象です。

　大企業やマーケットリーダー企業がその新規ビジネスモデルや新規技術を取り入れようとすると、今まで培ってきた儲け頭のビジネスモデルや従来技術を捨て去る必要が生じます。そのとき、バランスよく取り入れないと現在の優良な既存事業を自分自身で食い合う、いわゆるカニバリズムなる危険性があります。

　社内にとっても儲け頭のビジネスモデルで昇進してきた社内の抵抗勢力の猛烈なる反対で袋叩きになる可能性もあります。バランスの良いイノベーションの乗り換えは、あたかも飛んでいるプロペラ機を飛びなが

らジェット機に改造するようなものです。

3．持続的イノベーションの問題定義の仕方

図18をご覧ください。

持続的イノベーションにおける問題定義は、「状況の認識」「状況の分析」「改善点は何か」の順で行っていきます。

【図18】 持続的イノベーションの問題定義の仕方

【状況の認識】
①テーマに対して問題の状況を理解する。
②問題状況の簡単なスケッチを描く（視覚化）。
③課題の設定と前提、制約条件、数値目標を共有する。

【状況の分析】
①状況をシステム全体で理解する（必要なら人間も）。
②適度な大きさのシステム単位を列挙する。
③システム構成単位の関係図ができるなら作る。
④システム内部要因と外部要因を認識する。

【改善点は何か】
①改善点は何かを挙げて共通認識化する。
　注：何を改善するかより何がしたいか何が理想的かを考える。

【状況の認識】

①テーマに対して問題の状況を理解します。そのとき、技術面だけでなく、できれば知財面やマーケティング面など多方面のアプローチがあると良いと思います。方法としては、同じ事業を行っている営業や知財のメンバーの参加をお願いしても良いでしょう。

②問題状況の簡単なスケッチを描いて視覚化することを行います。矢印での要因図やベン図であってもかまいません。大まかなことがメンバーにわかるようになれば良いのです。

③次に作成した図に仮説として課題の設定と前提、制約条件、数値目標などを書き込んで、情報の共有化を行い状況の認識への理解を深めます。

第6章　持続的イノベーションの発想構造と注意点

【状況の分析】

①状況を商品だけでなくシステムとして理解します。できれば、その商品を使った人間の動きも含めた社会的システム（スーパーシステム）として理解していきます。一番大きな単位として人間の役割を組み込むことを考えます。

②構成についての単位としてスケールを考慮します。

③構成要素のつながりの関係図を作って理解します。

④それぞれの構成単位の内部要因と外部要因を認識します。

参考：構成単位
パーツ＜モジュール＜ユニット＜本体＜システム＜スーパーシステム
パーツ　　　　　　　→マイコンチップ等
モジュール　　　　　→マイコンチップを乗せた基板
ユニット　　　　　　→基盤を集合した機能構成
本体　　　　　　　　→製品そのもの
システム　　　　　　→本体を中心としたシステム
スーパーシステム　　→人間自身もシステムの一部としたシステム

【改善点は何か】

①「状況の認識」と「状況の分析」を行った後に、改善点は何かを挙げて共通認識化する。そのとき、何を改善するかではなく、何がしたいか、何が理想なのかを考えることは必要です。

②改善点は何かを挙げて共通認識化する。

39

4．問題認識フェーズの陥りやすいパターン

図 19 をご覧ください。

【図 19】 問題認識ェーズの陥りやすいパターン

①問題の定義は、数学の論理学のようで論理学でない。

真⇔偽	P→Q	P←Q
表⇔裏		
対　偶	notP→notQ	notP←notQ

②そもそも問題を認識していたが問題でなかった。
③問題と思っていたところは、実は違うところだった。
④問題の設定が間違っていた。（問題が複数混在）
⑤問題の条件が不明確であった。（あいまい）
⑥問題があったが解決することが最終目的でなかった。
⑦メンバーが同じ職種なので問題が見いだせなかった。
（「それってできないのが当たり前」「業界常識として問題と認識していない」）

①問題の定義は、数学の論理学のようにきれいに分類することができるとは限りません。みんなが「これって問題だよね」と思っても、よくよく考えたら問題ではなかった。

②問題の個所がここだと思っていたが、よくよく追及したら実は問題は違うところにあった。

③問題の設定が間違っていて、問題が複数混じっていて問題が起きていた。

④問題だと思っていたが問題に定義が不明確だった。

⑤問題解決が最終的な問題解決でなかった。

⑥グループで集まったけれど、みんなが同じ技術領域の技術者ばかりだったので問題が発見できなかった。「それってできないのが当たり前」「業界の常識なので疑うことができなかった」とか。

第 7 章
18 の視点について

第7章　18の視点について

　これから持続的イノベーションで有効に活用できる18の視点の説明に入ります。特に開発会議や特許発掘会など発想の漏れが無いように活用できます。

1．期待できる効果

①問題の捉え方を知ることができるようになります。

②課題解決のアイデアがたくさん出るようになります。

③考える方向を示して類推を促すことができるようになります。

④いろいろな視点での検討により、問題に対する発明の漏れを極力減らせるようになります。

⑤発明者に対しての質問シートとして活用できるようになります。

2．発想法とは道具

①発想法は、困ったときの魔法の道具ではない

　そもそも現状認識をしている情報や知識が無いと、いくら発想法を使ってもアイデアは出てきません。幼児に発想法を用いても製品開発の買いが出ません。また、発想法は目的別に使い分けないと効果が出ないようです。

②発想法の道具としての位置付け

　発想法は、課題を効率的に解決するアイデア出しを支援するためのものです。具体的には以下のようなものです。
　・発想を促すもの
　・考える方向を示すもの
　・着眼点や視点を示すもの

・発明者内部にある暗黙知を引き出す道具（発明者の頭の中に暗黙知がないとダメ）
・すべてに適応できる発想法はない
・先入観を捨てるところから始まる（特に専門家）。

3．18の視点の対象領域

図20をご覧ください。

18の視点での発想法を適応する範囲を示しております。縦軸に発明のレベルのピラミッド型で示しました。

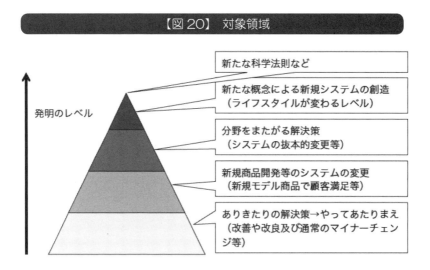

①新たな科学法則など

　これは、ノーベル賞者の発明で、青色発光ダイオードクラスのものです。基礎研究の積み重ねであり、簡単な発想法だけでは難しいと思われる領域です。

②新たな概念による新規システムの創造（ライフスタイルが変わるレベル）

　フィルムカメラからデジタルカメラへ移行し、個人でも画像データを扱

えるようになり、簡単に友達とデータをやり取りできて、ライフスタイル
が変わるレベルの発明レベルです。

③分野をまたがる解決策（システムの抜本的変更等）
　商品単体での訴求でなく、関連分野または非関連分野とシステム構築を
行うことで新しい価値観を生み出すレベルです。この領域の発明は、今回
の 18 の視点での発想法の適応範囲です。

④新規商品開発等のシステムの変更（新規モデル商品で顧客満足等）
　すでに商品分野が構築されている新商品開発やそれに関わる技術開発
領域です。この領域の発明は、今回の 18 の視点での発想法の最適応範囲
です。

⑤ありきたりの解決策
　この領域は、やってあたりまえで、改善や改良及び通常のマイナーチェ
ンジ等の改善領域です。出願でも実用新案レベルで 18 の視点での発想法
を適応するほどではありません。

４．18 の視点のご提案

　ご提案のきっかけとして、筆者が個人的に発想するときに無意識に行って
いた視点を再認識したら着眼点が 18 くらいあったので、グループでの技術
的課題解決会議や発明発掘会でも使ってみたら効果がありました。特に、特
に忙しくて、グループ個人が何も考えを持ち寄らずに集まった時に発想の
キッカケがあると便利です。
　また、知財担当者なら発明者への気づき促進の道具です。特に関連特許の
発掘や、実施例のバリエーションを広げるのに役に立ちます。
　例えば、光での認知に関する特許であったならば、知財担当者から発明者
へ「結果的に光で知らせる方法ですけど他の方法ではだめですか」や「その
光りかたに意味づけしたらどうですか」とかファシリテーションすることに
より周辺特許を含めた特許群の構築や実施例による特許の強化などに使えま
す。

5．18 の視点の注意点

　18 の視点を使うにあたって注意点があります。18 の視点では、理解しやすいように活用例を載せていますが、それに影響されすぎると発想が出なくなります。あくまで 18 の視点の意味するところを理解して発想することが大事です。

6．18 の視点の使い方

　それでは、18 の視点の使い方を説明します。まず、技術的課題が明確であることが必要条件です。次にその技術的課題に使えそうな 18 の視点から使ってください。1 番から順に使う必要はありません。ただ、一番使えそうにない 18 の視点も余すことなく適応してください。

　グループでの技術的課題解決会議や発明発掘会で、一人が技術的課題に対して 18 の視点の【質問】がありますので、メンバーに問いかけていきます。そこで解決案が出たらブレーンストーミングのアイデアの相乗り方式で発想を広げてみてください。

　アイデアは、くだらないと思われるものも必ず書きつけるようにしてください。あとで見返して、そのアイデアがほかのアイデアと融合することで活用できるかもしれません。

第 8 章
18 の視点の紹介

第8章　18の視点の紹介

　18の視点を順に【質問】と＜実施例と解説＞の説明をします。

１．素材本来の形状や性質にこだわってみよう

　素材本体の形状や性質にこだわるといっても、整理がつかないと思いますので、使用用途によって工夫されている様々なものとして、「枕」を例に考えてみましょう。

> 質問①　それって液体や気体のほうが良いことがありませんか

　例えば、海外旅行をする。といった場合、何時間も飛行機移動で、同じ姿勢でいると体に無理がくる。通路で体を動かせば、少しは腰などが楽になるという経験はございませんか。新幹線の長時間移動でも座りっぱなしを経験される同じように身体を動かしたくなると思います。では、座りっぱなしで仮眠（睡眠）をしたとき、重い頭を支えている首が楽になる便利なものがあるとどうなりますか。動かしたくても眠気が勝るが、そのままの体勢では首が痛くなる。それを解消するための便利な枕はどのようなものがありますか。

◇実施例：空気枕

出典：アマゾン

　首を空気によってある程度固定させることにより、首の曲がり角度を抑え、それが首への負担軽減となり、仮眠（睡眠）の効果を上げ、長時間の移動でも安心して過ごせることにつながると思います。

【解説】 ではなぜ枕の中身が空気なのか、枕の中身がウレタンフォームやラテックス及びソバ殻などの固体素材を使っている枕だと大きかったり、重かったりします。
　枕の中身を空気にした空気枕だと空気を抜けば折りたたんでどこでも持ち運びに便利で、使うときは空気を入れればすぐ使えて便利です。

◇実施例：水枕

出典：アマゾン

【解説】空気枕と同様に固体素材を使わずに水にすると、中身の水を捨てると折りたたんでどこでも持ち運びに便利で、使うときは水を入れればすぐ使えて便利です。

質問② 同じ素材同士ならではの良い事がありますか

◇実施例：ステアリングシャフトの摩擦圧着加工

出典：イズミ工業株式会社

【解説】摩擦圧接は、接合する金属を高速で擦り合わせると発生する摩擦熱によって金属を軟化させると同時に圧力を加えて接合する技術です。同じ金属同士の場合は同じ材質なので、融点が同じであることとで接着しやすく、出来上がりも一般の溶接よりシームレスに圧着接合できます。

| 質問③ | その素材ってスポンジのようになりませんか |

◇実施例：焼結金属によるフィルター

出典：小段金属株式会社

【解説】焼結金属は、金属製の粉体を溶融点前後の温度で焼き固めたものです。粉同士の点接触で繋がりますので非常に優れた「耐久性」が得られ、「緻密体」ではなく、粒同士の「隙間」「空隙」が大きく開いている「多孔質体」を作成することができます。

　焼結金属は「ポーラス」「多孔質」とも言い、スポンジ状の焼結金属にすることで表面積が大きくなり金属フィルターとして使えるようになります。

| 質問④ | 一部だけ性質とか形を変えること良いことがありますか |

◇実施例：マルチドライバー

出典：サンワサプライ株式会社

【解説】ドライバーは、本体部分を握り手として共通に使い、先端の一部をアタッチメントで交換することができることで、多機能ドライバーとして使えるようになります。

質問⑤　フィルム状にしたら何か使えますか

◇実施例：飛散防止フィルム

出典：住友スリーエム株式会社

【解説】飛散防止フィルムは、地震や台風などの災害で強い衝撃や強風で割れた危険なガラス片が鋭い破片となって辺り一面に飛び散るのを防ぎます。通常は、透明なのでフィルムによる視界を遮ることがありません。
　また、避難する際に飛散したガラスによって二次被害に遭う可能性もあり、割れたりするフロントガラス素材に割れないフィルム状の樹脂を張り付けることでガラスの散乱を防ぐことができます。

質問⑥　金や窒素のような化学変化しにくい性質は使えますか

◇実施例：ボス（チッソ充填コーヒー）

出典：サントリー食品株式会社

【解説】単に封入すると酸素が入ってコーヒーを酸化させて風味を損ねるため窒素を充填して風味を損ねないようできます。

◇実施例：自動車用マフラー

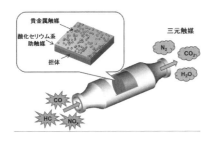

出典：株式会社菅製作所

【解説】白金は化学変化しにくい性質があると同時に自分自身は変化しないで他のものを反応させる触媒能力をもつ金属です。触媒とは、物質を活性化する働きがあり、温度を上げなくても反応を進行させることができます。主に、車の排気ガス浄化用に利用されています。排気ガスは、有害な各種ガスを含み、特に排ガス中のNOxは酸化雰囲気において白金触媒上で酸化され、還元雰囲気では白金触媒上で還元ガス（CO, HCなど）と反応して窒素に還元されます。白金触媒上での酸化と還元を行うことにより、有害なNOx, CO, HCを無害な物質に浄化しています。

質問⑦　オゾンや過酸化水素のような活性化する性質は使えますか

◇実施例：歯のホワイトニング（過酸化水素）

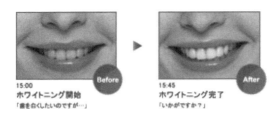

出典：天神橋歯科

【解説】過酸化水素は組織、細菌、血液、胆汁などに存在するカタラーゼ（Catalase）で分解され、フリーラジカルが発生します。フリーラジカルには強い酸化力があり、細菌の構成成分に効果があります。

　また、酸化力に基づく漂白作用・脱臭作用があり、歯のホワイトニングに応用されています。過酸化水素による還元作用により歯の黄ばみを取って白い歯にします。

52

2．素材本来の性質の変化に注目してみたらどうでしょう

質問① 体積や長さが増減しませんか

◇実施例：寒暖計

出典：ヤフージャパン

【解説】温度により着色されたアルコールの体積変化によって気温が測ることができます。体積が増すとアルコール溜まりからガラス管空間へと膨張します。

質問② 色が変わりませんか

◇実施例：調光レンズメガネ

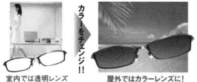

出典：株式会社メガネトップ

【解説】レンズにコーティングしたフォトクロミック染料が紫外線を受け分子形状が変化して透明な分子形状から可視光を吸収する分子形状に変化する事でレンズの色が変わるという仕組みです。紫外線による可逆的変色粒子により普通の眼鏡がサングラスになります。

| 質問③ | 形が元にもどりませんか |

◇実施例：形状記憶合金メガネ

出典：増永眼鏡株式会社

【解説】形状記憶合金は変形すると、金属原子の結合の手を切り離さず他の原子と一緒に位置を少しずつずらしながら変形の方向に変形するため、結合の手が切れていません（結合に余裕がある）。そのため、加熱して逆変態させると、結合の手が元の位置に戻ろうとして変形前の形状に戻ることができるのです。形状記憶合金メガネは、形状記憶合金により足で踏んで変形しても元の形状に戻ります。

| 質問④ | 光ったりしませんか |

◇実施例：蓄光文字盤時計

出典：株式会社正美堂

【解説】蛍光は紫外線に反応し光るものですが、蓄光は光エネルギーを蓄えて暗いところで光るものですので、光のエネルギーを蓄えておく蓄光で夜間も長時間発光します。

第8章　18の視点の紹介

質問⑤　香が変わりませんか

◇実施例：アロマジック

出典：大王製紙株式会社

【解説】使用後のオムツのニオイがソープの香りに変わるベビー紙おむつです。技術構成は「ハーモナイズド香料」「消臭カプセル」「抗菌ポリマー」「消臭デザインシート」です。

ハーモナイズド香料：
　不快臭と調和することで心地よい香りへと変化させるので、マスキン香料よりも爽やかな香りで不快臭を軽減することができます。

マスキング香料：
　強い香りで不快臭を抑える香料

質問⑥　音が変わりませんか

◇実施例：アラーム音で天気がわかる時計（音で意味を認識する）

出典：株式会社島津ビジネスシステムズ

【解説】　朝起きてスグにその日のお天気がわかる「お天気時計」です。

質問⑦　触覚が変わりませんか

◇実施例：超音波で触覚が変わるタブレット

出典：株式会社富士通研究所

【解説】超音波振動により、タッチパネルと指との摩擦力を変化させ、触感を提示する技術です。タッチパネル上で表現が難しかったツルツル感やザラザラ感を体感できるようになり、その触感を画面に表示されるものに適用することでリアリティのある感覚を楽しむことができます。

質問⑧　味も変わりませんか

◇実施例：混ぜると味が変わる「ぐるねりアイス」

出典：クラシエフーズ株式会社

【解説】3色のアイスで「バニラ味」「レモン味」「オレンジ味」の3種類を混ぜると新しい味を味わえます。混ぜ具合によって味が変わってくるアイスクリームです。

　ちなみに色が変わって「ふわふわ」なのは、「ねるねるねるね」です。

3．バラバラに分けてもいいじゃないか

質問①　小分けで便利になりませんか

◇実施例：5枚刃剃刀

出典：P&G

【解説】一枚刃の剃刀を五枚刃にして深い剃りを与えて剃り残しを減らします。一枚刃だと皮膚との接触点が一か所なので、そこへの圧力が集中しますが、5枚刃の場合には接触点が五か所なので、圧力が分散され滑らかな剃り心地になります。

◇実施例：スティックコーヒー

出典：AGF株式会社

【解説】単一味のコーヒーをスティック状に小分けして、その日の気分で簡単に適量をいろいろな味を楽しむことができます。また、小分けなので持ち運びが簡単で、キャンプや登山でのアウトドアライフでも手軽にコーヒータイムが楽しむことができます。

◇実施例：インクカートリッジ

出典：キヤノン株式会社

【解説】4色の1パッケージだと一番使った色が無くなると、まだ使っていない色も捨てるという無駄が発生します。小分けで合理的にするなら4色ばらばらの方が良いです。

57

| 質問② | 悪さをするのを隔離しませんか |

◇実施例：簡易喫煙ルーム

出典：コクヨ株式会社

【解説】喫煙者は、どうしてもタバコが吸いたい。非喫煙者はたばこの煙が健康的でないので困る。そこで喫煙者からの受動喫煙を防ぐために喫煙者隔離の簡易喫煙ルームが必要となる。システム構築する上でも、ボトルネックとなるモジュールや悪さをするモジュールを削除することが、部分的には不利になっても、全体最適化につながることが多いです。

◇実施例：女性専用車両

出典：京王電鉄株式会社

【解説】痴漢は外見から判別できないので、逆に痴漢から女性を守るため女性を隔離します。

4．合体ロボの感覚で考えてみよう

> 質問①　１＋１ ➡ 顧客の受ける価値が３とか４とかになりませんか

◇実施例：複合レンズ

出典：キヤノン株式会社

【解説】短焦点レンズでは、収差が発生します。そこで、色収差は、屈折率の異なる凸レンズと凹レンズを組み合わせて収差を相殺することで補正します。
　さらに、２組の凹凸レンズを加えて凸レンズと凹レンズの間隔を動かすようにすれば、望遠倍率を連続的に変化させることができます。これで、一石二鳥です。

◇実施例：複合機

出典：キヤノン株式会社

【解説】本来、文字通り複写機はコピーだけの単機能でした。しかしながら、印刷機能を必要とする事務機器は、ほかにもあります。そこで、その印刷機能を中心として複数の事務機器をまとめたのが複合機です。複写機、プリンター、イメージスキャナ、ファクシミリなどの機能が一つにまとめられている事務機器です。

質問②　材料を組み合わせたらどうでしょう

◇実施例：炭素繊維複合材料

出典：帝人株式会社

【解説】炭素繊維とプラスチックによる繊維強化複合材で、鉄の10倍の強度を持ちながら重量は鉄の4分の1で、高強度と軽量性の両立を可能にし、耐疲労性、防錆性、耐薬品性など、多様な特性を有する繊維です。

◇実施例：音響用合板

出典：株式会社ニタックス

【解説】天然木材単板では密度が不均一なのでスピーカーなどのエンクロージャーに向きません。音響用合板にすることで板の密度を均一化できることで偏った共鳴など、品質管理ができるようになります。

質問③　合体したら一石二鳥や三鳥になりませんか

◇実施例と解説：3色フリクションボールペン

出典：株式会社パイロットコーポレーション

【解説】消しゴム付き鉛筆は一石二鳥で、こすると消えるインクは一石三鳥となります。

第 8 章　18 の視点の紹介

5．3Dだってあるじゃないか

> 質問①　平面思考からジャンプしてみてはどうでしょう

◇実施例：多層基板

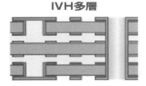

出典：日本 CMK 株式会社

【解説】垂直方向に多層基板にすることで、同一面積で多層した分だけ基板面積が節約できます。そのため、高密度実装ができ、商品の小型化がしやすくなります。

◇実施例：立体マスク

出典：ユニ・チャーム株式会社

【解説】顔の形状に合わせて立体構成なので、顔に対する密着度が向上するとともに装着感が楽になります。

> 質問②　流線型って無駄な角が無いですね

◇実施例：流線型洗面台（水飛散防止）

出典：デザインマネジメントシステム株式会社

【解説】水の粘度と跳ねる方向をシミュレーションして水撥ね防止のフォルムを考えた流線型洗面台です。

61

6．動かし方にもコツがある

質問①　もたもたしないでスパッとやるとどうでしょう

◇実施例：音波振動式電動歯ブラシ

出典：株式会社フィリップスエレクトロニクスジャパン

【解説】音波振動式電動歯ブラシは刺激が少ないため、回転式電動歯ブラシに比べて歯や歯肉にやさしい利点があります。回転式電動歯ブラシに比べて音波振動式電動歯ブラシは、歯磨く動作が早いことが特徴です。

質問②　動かす自由度を増したらうまくいきませんか

◇実施例：ゲンコツ・ロボット

出典：ファナック株式会社

【解説】手首3軸、アーム3軸の全6軸構成が可能で、手首軸を生かして取り扱う部品の向き変えるといった複雑な動作が可能です。関節を多関節にする自由度は、昔は難しかったですが、コンピュータ制御により現在は簡単に実行できます。

質問③ リズミカルな動きではどうですか

◇実施例：リズムマッサージチェア

出典：株式会社フジ医療器

リズムを「1/f ゆらぎ」で、規則と不規則なリズムバランスを調和させることにより、より快適なマッサージを受けることができます。

質問④ 動き方に意味をもたせたら情報が伝わりませんか

◇実施例：手旗信号

出典：手旗信号インフォ

【解説】船と船の連絡に使用していたが目に見える距離ならどこでも連絡できる手旗信号は、動きに意味を持たせているから情報伝達が実現できています。

質問⑤ 触覚を活用できませんか

◇実施例：触覚ディスプレイ

出典：東北大学

【解説】超音波振動により、画面に様々な波形の超音波を付加し、タッチパネルと指との摩擦力を変化させ、触感を提示する技術です。

　タッチパネル上で表現が難しかったツルツル感やザラザラ感を体感できるようになり、その触感を画面に表示されるものに適用することでリアリティのある感覚を楽しむことができます。

　例えば、ワニの背中の画面に様々な波形の超音波を付加して触るとザラザラ感などを感じることができます。

7．事前の一策は事後の百策に勝る

質問①　もしも駄目になって被害甚大なるようならセイフティが欲しいですね

◇実施例：無停電電源

出典：オムロン株式会社

【解説】台風や落雷で停電が起きてサーバーダウンが起きないための非常電源です。ソフト開発でもできるだけエラーを想定する必要があります。

　フェイルセーフ思想により、機器やシステムの設計など部品の故障や破損、操作ミス、誤作動などが発生した場合に、できるだけ安全な状態に移行するような仕組みを考えておく必要があります。

質問②　どうせ消耗するなら初めから用意しておくのも手ですね

◇実施例：スペアタイヤ

【解説】タイヤは、はじめから消耗やパンクするものだと認識して、いざというときの備えての事前用意することが必要です。ただ、保守部品を用意しておいても、それ自身の劣化も考慮しておく必要があります。

質問③　料理も事前の仕込みと段取りが大切ですけど同じ考え方できませんか

◇実施例：予熱機能付きオーブン

出典：日立株式会社

【解説】料理方法は、加熱時間が書いてあります。この加熱時間は、オーブン内部の温度が、その温度になってからスタートする時間なので、熱を食品にしっかり伝えるため加熱する前にオーブン内をあらかじめ温めておく必要があります。

質問④　問題が発生する前に初めから対策をしてはどうですか

◇実施例：アニール処理済み空芯コイル

出典：icfraft

【解説】空芯コイルや金属ばねなど形状を整えていても金属素材内部に残留応力があり、元の形状に戻ろうとします。元に形状が戻ると本来の特性が取れなくなります。そこで、熱を加えて材料・商品の残留応力を取り除き、加工品の変形を防ぐ処理が実装する前に必要となります。

65

8．エンジニアからチェンジニアになってみよう

質問①　その機能や部品って再利用ってできませんか

◇実施例：リサイクルインクカートリッジ

出典：株式会社エコリカ

【解説】使い終わったカートリッジにインクを注入して再利用します。SDGs 的発想で、資源を有効活用する考え方は必要です。

質問②　別のもので代用できませんか

◇実施例：人造イクラ

出典：tenka99

【解説】天然イクラの漁獲量の減少、価格の高騰を背景に天然イクラの代用品を活用します。カニかまぼこなどコピー食品も必要に応じて使うことも原価低減になります。

　例えば、木調印刷等も同様です。

質問③　メカじゃなくたって良いかもしれませんね（電気もソフトもね）

◇実施例：機械式計算機

出典：特定非営利活動法人機械式計算機の会

【解説】昔の計算機は、ハンドルを回す機械式計算機でした。機械でする計算を電気で置き換えたマイクロプロセッサを用いて電卓（電子式卓上計算機）になりました。

質問④　再利用しなくたって良いかもしれませんね

◇実施例：使い捨てコンタクトレンズ

出典：HOYA株式会社

【解説】従来のコンタクトレンズは殺菌のため煮沸処理が必要でした。ただ、煮沸処理を行わないことで、煮沸管理の煩わしさから解放できました。

9．お見合いばあさんで行こう

質問①　婚活コンパみたいな場の提供はできませんか

◇実施例：光触媒

出典：パナホーム株式会社

【解説】酸化チタンの汚れ防止です。この反応を行うには、UV（紫外線）が当たる場が必要となります。その性能が発揮できる場の提供により商品化できるということとなります。

質問②　直接作用ができないなら、その障壁を下げるものはありませんか

◇実施例：三元触媒装置

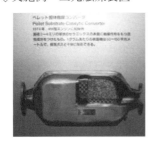

出典：トヨタ自動車株式会社

【解説】ガソリン自動車の排気ガスに含まれる有害物質を除去する触媒装置です。有害物質を直接無害化するのが難しいなら、自分自身が変化せず、触媒に徹する方法があります。

主な有害物質が炭化水素・一酸化炭素・窒素酸化物の3種類を白金・パラジウム・ロジウムを用いた触媒で同時に酸化または還元し、水・二酸化炭素・窒素として排出します。

この考え方は、化学反応だけでなく、ソフトモジュールとか発想を置き換えても可能です。

◇実施例：クロスジョイント

出典：日経 BP

【解説】動力を伝えるシャフト軸が相互に角度をもっているため直接駆動できないときのジョイントです。お見合い仲介者のようにAとBとの仲立ちをする考え方が必要です。

　メカ的な事でなくても、有機ELなどでも同様な考えがあります。電子と正孔とが出会って発光する発光層の前に電子輸送層や正孔輸送層などの中間層があるのも同様な考え方です。

10. 自分のことは自分でしなさい

質問①　できるだけ全自動できると楽できますけどどうですか

◇実施例：自動でおまかせ「フィルターお掃除ロボット」

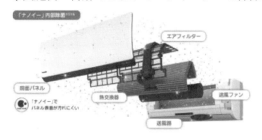

出典：パナソニック株式会社

【解説】エアコンのフィルターが詰まると効率が低下して電気代が高くなります。フィルターお掃除ロボットでお手入れが簡単で、シーズンオフも自動で内部清掃した商品です。

◇実施例：自動巻腕時計

出典：ウオッチストア

【解説】電池式と違って腕の動きで自動巻きの機械式時計です。

質問② 基準に常に合わせてみて考えてみませんか

◇実施例：ディスク型サーモスタット

出典：松尾電器株式会社

【解説】感熱体としてバイメタルを用いたものがバイメタル式サーモスタットです。電熱装置から発生する熱によってバイメタルが変位することを利用し、あらかじめ設定しておいた温度に達したときに接点が自動的に開路・閉路します。

11. モノは考えよう

質問① 無駄なものと決めつけないで有効利用を考えましょう

◇実施例：ポストイット

出典：住友スリーエム株式会社

【解説】3Mで強力な接着剤を作ろうと研究をしていました。できたのは残念ながら、くっつきやすいけど簡単にはがれてしまう接着剤ができてしまって失敗しました。

でも、教会で聖歌に使っていた付箋が落ちるのを見てひらめきました。接着剤付き付箋だったらどうだろうと、使い方を提案したら大ヒット商品になり成功しました。モノは考えよう。

◇実施例：生ごみ発酵器

出典：アイリスオーヤマ株式会社

【解説】生ごみは不快で不衛生なものです。生ごみは捨てるものから発想を転回して、これを有効利用しようと考えたのが生ごみ発酵器です。

| 質問② | 要するに相対的に作用すれば目的を達成できるかもしれません |

◇実施例：ランニングマシン

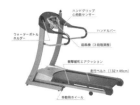

出典：アローエイト株式会社

【解説】ランニングで体を鍛えようとすると、屋外に出て道をランニングしなければならないです。しかしながら、屋外に出なくても道の方が相対的に動くならば同じようにランニングできます。相対的に考えましょう。

12. さじ加減も大切だ

| 質問① | 量や時間、温度の加減で調整してみてはどうでしょう（数値限定特許） |

◇実施例：減塩しょうゆ（減塩比率）

出典：キッコーマン株式会社

【解説】醤油は調味料として優れていますが、塩分取りすぎとなってしまいます。でも、塩分を下げると本来の味を損ねることになります。そこで、減塩しながら本来の味を損ねない量や時間、温度の加減で対応します。

◇実施例：つゆの素（3倍希釈）

出典：株式会社にんべん

【解説】3倍濃縮することで、本来のボトル容量に比べて3分の1で済むことが可能です。そのため輸送コストや家庭内台所内の省スペースにつながります。また、使用時の濃度調整幅も広がります。

| 質問② | 最適値が見つかると特許になるかも |

◇実施例：化学平衡

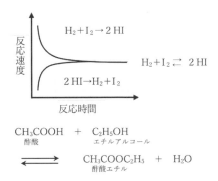

【解説】正反応と逆向きの反応が同じ速さで進行していると、この反応は見かけ上どちらの方向へも進行しないように見えています。どちらか一方の反応を押えると、その反応のほうへ平衡を移動させることができる。
　例えば、酢酸とエチルアルコールから酢酸エチルを製造するには、化学式右辺から酢酸エチルと水を抜くと右辺が減るので、平衡を保つために反応は左辺から右辺に進行して酢酸エチルと水を生成します。つまり、バランスの良い最適値を活用する考え方です。この考え方は、科学だけでなく機械でも電気でも情報通信でも活用できます。

13. いいかげんもたまにはいいかも

質問① 正確にしようとするとコストや時間がかかるので適当でどうでしょう

◇実施例：レーザーディスクカラオケ

出典：パイオニア株式会社

【解説】レーザーディスクは、映画など初めから最後まで連続したコンテンツに向いた記録媒体です。それでもコンテンツの頭出しが必要な場合は、頭からサーチしていきます。

ところが一枚当たり16曲ほどのカラオケディスクですと、頭出しするとサーチ時間がかかる欠点があります。そこで、16曲中で4曲目、8曲目、12曲目が現れそうな所へ、大体の見当をつけてピックアップを振って方サーチを開始する工夫をしていました。

はじめから几帳面にサーチするのではなく、ある意味ではいい加減に適当にあたりを付けてから見つけるというのが有効な場合があります。

質問② あいまいなほうが良い結果が出るかもしれませんね

◇実施例：あいまい検索ナビ

出典：パナソニック株式会社

【解説】カーナビゲーションは、行きたいところの住所や名称などを入力するのが普通です。ところが、正確な住所や主瀬の名前を忘れることもあります。

そこで、「中華街」「人気」「美味しい」「肉まん」といったときは思いついたキーワードを入力するだけで行きたい場所を探し出せます。また、普段の会話感覚で発話するだけの音声検索も可能です。

◇実施例：口コミ要約技術

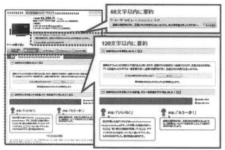

出典：NTT レゾナント株式会社

【解説】口コミサイトで多数の人の口コミが書かれている場合、全ての口コミを読む必要があります。でも、全部読まなくても大体こんな感じかながわかれば、読む時間短縮になります。

そこで、多数の人の口コミを要約した文章を大体のレベルで作り上げる技術です。

例えば、液晶テレビで「視野角が狭くて気になる」「リモコンが使いやすい」「説明書が必要」などの、いろいろな意見に対して「視野角が狭くて気になるが、リモコンが使いやすくて、そのためには説明書が必要」とかです。

14. 天秤にかけて同じにしようよ

質問① 意外と古典的ですがエネルギー保存法則がつかえるかも

◇実施例：テンション装置（巻線）

出典：東特エンジニアリング株式会社

75

【解説】電線を編んだり、巻いたり、撚ったりする場合に気を付けなければならないのは、電線同じテンションで行わなければならないことです。電線に同じテンションをかけるために、釣り竿のように電線を通しておきます。テンションが強いと釣り竿が曲がり、弱いと真っ直ぐになる動きをします。ばねのテンションを使うのと同じ原理です。

◇実施例：テンションバランサー

ばねバランス型

重力バランス型

出典：三和テッキ株式会社

【解説】鉄道の架線は、寒暖の差で膨張収縮をします。膨張すると架線がたるんでパンタグラフが通過するたびにバウンドを起こし放電が起きて、パンタグラフと架線を痛めます。また、収縮すると必要以上のテンションがかかり、架線が切断されます。

それが起きないようにテンションバランサーで架線のテンションを常に同じように保つようにしています。

方式は、滑車式バランス型とばね式バランス型の2通りです。滑車式バランス型は文字通り、架線を滑車と重りで引っ張っている方式です。バランス型はばねの力で架線を滑車と重りで引っ張っている方式です。

質問② 重力バランスって動的制御（エネルギーも）がいらないので安いかも

◇実施例：浮沈式生け簀（台風時に沈ませる）

出典：粕谷製網株式会社

【解説】通常の生け簀は、海の中に網を浮袋で浮かせて使っています。ところが、台風などによる高波などにより、沖に流されたり、壊されたりします。そこで、台風が来ると生け簀ごと海底に沈めることにより被害から逃れることができます。

15. フラクタルって無限なの

質問① 同じパターンが繰り返して出てきますので1つで表現できませんか

◇実施例：ロッドアンテナ

出典：楽天株式会社

【解説】同じ形状のものが重ねて短く収納でき、使うときは長くすることができます。

| 質問② | 部分と全体の関係が同じなのでうまく利用できませんか |

◇実施例：包丁セット

出典：GIGAZINE

【解説】牛刀からペティナイフまで同じ形状で収納できる包丁セットです。

◇実施例：フラクタル

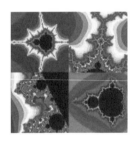

【解説】フラクタル図形は、部分と全体が同じ形状で構成されています。

◇実施例：まげわっぱ

出典：アマゾン

【解説】使用後は、入れ子でコンパクトに収納できる弁当箱です。

◇実施例：Java

```
class Sample37{
  public static void main(String args[]){
    for(int i = 0; i < 3; i++){
      for(int j = 0; j < 5; j++){
        System.out.println("iの値は" + i +" jの値は" + j);
      }
    }
  }
}
```

【解説】プログラムの構造が再帰的に繰り返されて記述される構造を入れ子（ネスティング）のソフトウェア構造です。

16. アンバランスもバランスのうち

> 質問①　バランスを取りすぎて不便になっていませんか

◇実施例：ゴルフシューズ

出典：ヨネックス株式会社

出典：俊足＿アキレス株式会社

【解説】ゴルフをするとき右足と左足で重心のかけ方が異なる、そのためにシューズの右足と左足の靴底のパターンが非対称に作られています。アキレスの運動会用の俊足というシューズも、運動会の左回りコースにおいて有利になるよう非対称です。

◇実施例；裁ちハサミ

出典：庄三郎

【解説】仕立ての時に布を机の上においで裁断するため、机側にハサミの柄を持っていくことができません。そのため、非対称となります。

◇実施例：ベニスのゴンドラ

和船の櫓の位置

【解説】ベニスのゴンドラは、船頭が漕ぐための部分が膨らんでいて非対称となります。

| 質問② | 非対称だから力が分散して使えることってありませんか |

◇実施例：缶の開け口

出典：Yahoo

80

【解説】ビールなどの明け口を対称形にすると、開けるための力が均等に分散してしまって、開けることができません。非退所の形にすることで、開けるための力の偏りができて、そこから亀裂が入るように工夫されています。

◇実施例：絶対緩まないナット（偏心凸型）

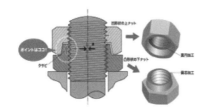

出典：ハードロック工業株式会社

【解説】緩まないために対照型のナットを２連で使っても振動で緩んできます。この偏心型のナットは双方が偏心しているために、お互いを締め付けあって振動でも緩みが来ないように工夫されています。

17. 次から次へのパイプライン

質問① 連続動作は流体運搬に似ていますけど活用できますかどうでしょう

◇実施例：順送の金型

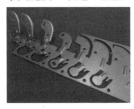

出典：飯田エポック株式会社

【解説】一つの金型で一つの動作をして成形した後に、違ったプレス金型マシンで成型するのは、取り置き時間の無駄が発生します。そこで、板金を順次にマシンサイクルに応じて連続に送り出しつつ、プレス成型する順送の金型という考え方があります。

◇実施例：パイプライン処理

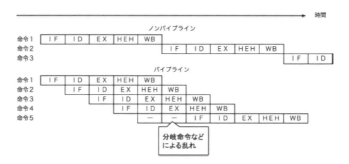

出典：琉球大学

【解説】コンピュータチップやコンピュータシステムにおいて、処理要素を直列に連結し、ある要素の出力が次の要素の入力となるようにして、次から次へとマシンサイクルに合わせて処理させるという利用技術です。

質問② 連続供給することで良いことがありますか

◇実施例：ブローニングM２

出典：FNH USA

【解説】弾が発射されると同時に発射後、ボルトが後退して空薬莢が引き抜かれ、次弾を発射位置まで押し下げると同時に、空薬莢が押されて下へ排莢される。1マシンサイクルで次の弾が次へと発射される。

18.「時空」「条件」「部分と全体」を意識しよう

質問①　一緒にできないなら処理時間を分けてみませんか

◇実施例：タイムシェアリング

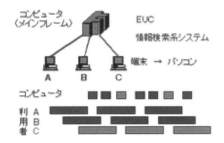

出典：KOGURES

【解説】端末のパソコンが同時にセントラルコンピュータ（メインフレーム）を使えないなら、端末のパソコンに均等に使用する時間を割り当てることで並列に処理が可能となります。処理を時間で分割します。

質問②　ぶつかるなら空間で分けてみませんか

◇実施例：分散処理

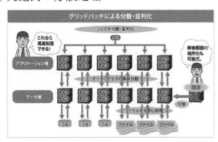

出典：株式会社日立製作所

【解説】タイムシェアリングと違い、セントラルコンピュータが端末のパソコンに処理を分散して処理を行って並列処理を行う方法です。時間で分けるのではなく、端末のパソコンごとに分ける考え方です。

質問③　条件分岐で目的を達成しませんか

◇実施例：条件分岐処理

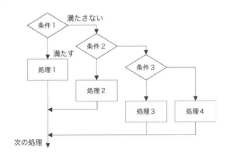

出典：株式会社日立製作所

【解説】すべての処理を行うのではなく、条件に応じて処理を制御して、不必要な処理を行わないようにする工夫です。

質問④　モジュール、本体、人間を含めたシステムと捉えて考えてみませんか

◇実施例：人物対話行動における応答時間分布抽出とその利用。

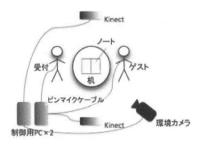

出典：大阪大学

【解説】機械にすべての処理を任すのではなく、人間もシステムに組み込まれて、システムと一体となる、いわゆるスーパーシステムの考え方を取り入れてみます。

　例えば、列車の進行システムが自動であっても人間が指差し確認したり、あえて全自動にせずにシステム的に人間が関与する半自動システムにすることにより、部分最適でなく全体最適を得ることができます。

第8章 18の視点の紹介

【18の視点のまとめ】

①発想法は道具として使う

　　発想法は模倣の杖でなく、発想のきっかけとなるヒント集みたいなもの
です。従って、実施例と解説に縛られないように、その質問の意味すると
ころを汲んで発想してください。

　　連想ゲームのように「素子 → モジュール → ユニット → 本体 → シス
テム → スーパーシステム」とか「機械工学 → 電子工学 → 化学 → 光学」
または「音声 → 画像 → 動画」のように次々と視点を変えていくのが良
いと思います。

②問題の定義が大事

　　問題の定義をはっきりさせておく必要があります。注意する点は、以下
の通りです。

　　・本当に問題なのか　　　　　　　→　　問題の焦点を絞る
　　・複数の問題が混じっていないか　　→　　問題の分離
　　・問題とする条件は大丈夫か　　　　→　　条件を変えてみたりしてみる
　　・その問題解決が最終目的か　　　　→　　全体最適を忘れずに
　　・業界の常識で問題と意識していない　→　　業界の常識は他の業界の非常

③18の視点が絶対ではないので必要ならアレンジ可能

　18の視点が絶対ではありません。考えるヒントであり、みんなで議論を
する場の提供の道具箱として認識してください。

④まとめすぎると光ったアイデアが平凡になる事に注意

　　突飛な発想なども捨てずに大事にして下さい。突飛な理由として以下のこ
とが考えられます。

　　・時代の先取りすぎ　　　→　　時代の一歩前より半歩前が丁度良い
　　・技術が追い付かない　　→　　ゆくゆく技術が追い付く
　　・事業領域が違いすぎる　→　　その発想と現業とを足したら何かあるかも
　　　ここで、その突飛な発想を丸めてしまうと平凡でつまらない物になって
しまいますので、予定調和を避けることを意識してください。

　　特に技術者は、発想が積み重ね論理で考えてしまう癖がありますので

85

注意してください。技術的に何故できないかを説明するのではなく、どうやったら技術的に可能になるかを考えることが必要です。

　筆者がレーザーディスクカラオケ全盛期にレーザーディスクでなくハードディスクで開発できないかと提案したら、「お前も技術者ならできない理由はわかっているだろ」と殆どの開発者に笑われましたが、たった一人できるかもしれないと言った技術者がいました。その彼から通信カラオケの研究開発が始まったのです。

⑤評価とまとめは、各企業の事業領域を考慮

　発想で飛び上がったら、自社の事業領域にうまく着地をする必要があります。その場合に現在の事業を継続しつつ、新規事業へと変えていく高度な事業企画提案が必要となります。先に説明しましたが、飛んでいるプロペラ機を飛び続けながらジェット機にするように大変難しい作業となります。事業企画が開発、設計、生産技術、知財、デザイン、広報、マーケティング、営業等を取りまとめてプロジェクトで進める必要があります。

⑥時間的の制限をして集中すると良いことが多い

　発想は、時間をかけてじっくりやるのはお勧めしません。時間内に死に物狂いに集中し苦しまないと出てきません。そのために事前の準備をする必要があります。関連した情報収集は最低限しておかなければなりません。

⑦普段から問題を意識して柔軟な視点を習慣化が大事

　その場ですぐに発想することは難しいです。普段から問題の発掘を意識して、気づきが起きるような習慣化が大事です。気が付いたらすぐにメモを取る習慣など地味な努力が大事です。

発想のウォーミングアップ

　◆Let's think_身近なもの3：ペットボトルの問題点

　ペットボトル問題を列挙してくだい。目標として3分で10件は出ると思います。解答例は187ページにあります。

第9章
18 の視点のワークショップ

第9章　18の視点のワークショップ

では、実際に18の視点を使ったワークショップの仕方を説明します。

1．ワークショップ構造
図21をご覧ください。

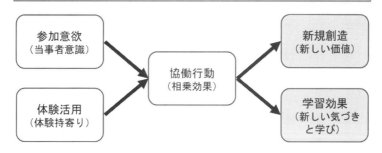

【図21】　ワークショップ構造図

ワークショップとは多様な人たちが、主体的に参加してチームの相互作用を通じて新しい創造と学習を生み出す場の提供です。

それには、参加意欲（当事者意識）と体験活用（体験持ち寄り）を持って協働行動をすることにより、新規創造（新しい価値）と学習効果（新しい気づきと学び）が生まれます。

2．基本実習フロー

図22をご覧ください。

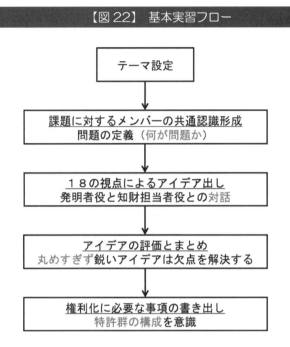

まずは、テーマの設定です。テーマは、このワークショップに目的を明確にすることで始まります。メンバー同士で話し合うことで課題に対するメンバーの共通認識が形成され、問題の定義（何が問題か）がはっきりとしてきます。

そしてその問題に対して18の視点によるアイデア出しを行います。その時は、発明者役と知財担当者役との対話形式で行います。知財担当者役は一人で、発明者役はその他大勢のメンバーです。知財担当者役は18の視点による問いかけをして、ファシリテートして行きます。

そこで出てきたアイデアをそのままポストイットに書くか、エクセルで順に書き込んでいきます。ここで、大事なのはブレーンストーミングと同様に無理筋の発想も否定せず書いていきます。同じような意見は、KJ法でまとめていきますが、鋭いアイデアは、丸めすぎないように注意します。鋭いアイデアは欠点や実施不可能と思われる問題を含みますが、その問題点を合わ

せて書いておくことが大事です。なぜなら、その問題点を例えば技術的に解決できたなら、それは斬新な商品の提案ができる場合があるからです。

このようにアイデアを多数出したのちに、そのアイデアをいかに管理化するか必要な事項の書き出しを行います。関連するアイデアも権利化を行い、特許群の構成を意識することが大事です。優れた特許1件では、商品化したときに類似の特許を出願され、参入障壁になりません。製品だけでなく、製造に関する特許など周辺特許で固めることが大事です。

３．準備

図23をご覧ください。

【図23】 準備

①グループ構成は５人または７人で同じ会社の人は無し。
②名刺を配って３分程度の自己紹介をしてください。
　必ず「何を隠そう実は私はこう見えても…です。」
　の一言での自己紹介をどこかに入れてください。
　受け狙い大歓迎です。滑ってもフォローしてあげてね。
　　　　→アイスブレイク：
　　　　　　初対面の人同士が出会う時、その緊張を
　　　　　　ときほぐす手法
③リーダー、発表者、書記、タイムキーパー、雑用係を
　決めてください。
④１８の視点によるアイデア出しでは、発明者役と知的
　財産担当者役（１名）を決めてください。

①グループ構成は５人または７人で構成します。３人だと意見が少ないし９人だと意見を言わない人が出てくるからです。
②できれば文系理系男女を混ぜてもらえると良い構成となります。
③３分程度の自己紹介をしてください。必ず「何を隠そう実は私はこう見えても・・です。」の一言での自己紹介をどこかに入れてください。受け狙い大歓迎です。滑ってもフォローしてあげてください。これは、アイスブレイクと言って初対面の人同士が出会う時、その緊張をときほぐす手法です。

④リーダー、発表者、書記、タイムキーパー、雑用係を決めてください。

⑤18の視点によるアイデア出しでは、発明者役と知的財産担当者役(1名)を決めてください。

4．課題に対するメンバーの共通認識形成

図24をご覧ください。

【図24】 課題に対するメンバーの共通認識形成

【個人作業】
①問題の定義を個人作業で行う。
　「状況の認識」「状況の分析」「改善点は何か」
【グループ作業】
①個人作業が終わったらグループ内で個人発表する。
②発表してからグループ内で話し合って、課題に対する
　共通認識を形成する。
　　　注：何を改善するかより何がしたいか何が理想的かを考える。
③共通認識を各自配布されたのA4の紙のヘッドに書く。

【個人作業】

①問題の定義を個人作業で行う。「状況の認識」「状況の分析」「改善点は何か」を書きだす。

【グループ作業】

①個人作業が終わったらグループ内で個人発表する。

②発表してからグループ内で話し合って、課題に対する共通認識を形成する。

　※注＿何を改善するかより何がしたいか何が理想的かを考える。

③共通認識を各自配布されたA4用紙のヘッドに書く。

5．18の視点によるアイデア出し

図25をご覧ください。

【図25】 18の視点によるアイデア出し

【個人作業】
①18の視点を見ながらアイデア出しを個人作業で行う。
・何となくアイデアが出そうな視点から始める。
・既成観念をブッ飛ばすアイデア大歓迎。
・アイデアは、配布されたポストイットに書く。
・書くときは必ず「○○する」と動詞まで書く。
注：体言止め表現は厳禁です。→例：「○○の体系化」とか

【個人作業】

①18の視点を見ながらアイデア出しを個人作業で行う。

・何となくアイデアが出そうな視点から始める。

・既成観念をブッ飛ばすアイデア大歓迎。

・アイデアは、配布されたポストイットに書く。

・書くときは必ず「○○する」と動詞まで書く。

※注＿体言止め表現は厳禁です。例：「○○の体系化」とか問題の定義を個人作業で行う。「状況の認識」「状況の分析」「改善点は何か」を書きだす。

図26をご覧ください。

【図26】 18の視点によるアイデア出し

【グループ作業】
①個人作業が終わったらグループ内で個人発表する。
②発表はアイデアの理由を言いながら紙に張り付ける。
③全員発表してからグループ内でブレーンストーミング。
注：ブレーンストーミングの鬼の鉄則7か条
・メンバー発言に対しての批評批判厳禁
・自由奔放な発言大歓迎
・発言の機会均等
・質より量
・他人のアイデアの相乗り悪乗りOK
・発表時にもアイデアが思いついたらすぐ発表
・自己激励と相互激励の雰囲気

【グループ作業】

①個人作業が終わったらグループ内で個人発表する。

②発表はアイデアの理由を言いながら紙に張り付ける。

③全員発表してからグループ内でブレーンストーミング。

　※注＿ブレーンストーミングの鬼の鉄則７か条

　　・メンバー発言に対しての批評批判厳禁

　　・自由奔放な発言大歓迎

　　・発言の機会均等

　　・質より量

　　・他人のアイデアの相乗り悪乗りOK

　　・発表時にもアイデアが思いついたらすぐ発表

　　・自己激励と相互激励の雰囲気

【図27】　18の視点によるアイデア出し

④ポストイットに書かれたアイデアを共通概念でまとめ
　グループを作る。
⑤注目点は、機能効果を重視する。
⑥さらに重なったアイデアを整理統合する。
⑦但し、１グループ内のアイデア数は10個以内にする。
⑧10個以上出たら概念を分割して10個以内に分ける。
⑨整理したら、そのグループに全体を表現するラベルを
　付ける。
⑩まとめたグループは機能効果を整理されているか確認
　と検討を行う。
⑪必要に応じてグループ全体のラベルカードを書き直し
　たり、アイデアを組み替えたりする。

④ポストイットに書かれたアイデアを共通概念でまとめてグループを作
　る。

⑤注目点は、機能効果を重視する。

⑥さらに重なったアイデアを整理統合する。

⑦但し、１グループ内のアイデア数は10個以内にする。

⑧10個以上出たら概念を分割して10個以内に分ける。

⑨整理したら、そのグループに全体を表現するラベルを付ける。

⑩まとめたグループは機能効果を整理されているか確認と検討を行う。

⑪必要に応じてグループ全体のラベルカードを書き直したり、アイデアを組み替えたりする。

【図28】 18の視点によるアイデア出し

> ⑫納得いくまで繰り返してみる。
> ⑬また、アイデアが出る場合は追加する。
> 注：欠点はあるけど鋭いアイデアは残しておく。
> ・今は技術的にできないけど将来できそう。
> ・まとめすぎると平凡化するので避ける。

⑫納得いくまで繰り返してみる。

⑬また、アイデアが出る場合は追加する。

　※注＿欠点はあるけど鋭いアイデアは残しておく。

　・今は技術的にできないけど将来できそう。

　・まとめすぎると平凡化するので避ける。

6．アイデアの評価とまとめ

図29をご覧ください。

【図29】 アイデアの評価とまとめ

> ①アイデアの評価基準を確認する
> 　例えば「技術難易度」「コスト」「機能」「効果」
> 　「開発時間」など。
> ②アイデア評価表を作る（表1参照）。
> ③評価する。
> 　・「＋＋＋」「＋＋」「＋」「０」「-」
> 　・判定不能「？」
> 　・問題があるが捨てるのに惜しい「！」
> ④個人レベルでどうしても一押ししたいは「個人名」。
> ⑤最も優れたアイデアを選ぶ。
> ⑥これをベースに他のアイデアの複合化を考えてみる。

①アイデアの評価基準を確認する。

　例えば、「技術難易度」「コスト」「機能」「効果」「開発時間」など。

②アイデア評価表を作る。（表 1 参照）

③評価する。

　　・「＋＋＋」「＋＋」「＋」「0」「－」

　　・判定不能「？」

　　・問題があるが捨てるのに惜しい「！」

④個人レベルでどうしても一押ししたいは、「個人名」を書く。

⑤最も優れたアイデアを選ぶ。

⑥これをベースに他のアイデアの複合化を考えてみる。

⑦アイデアの評価基準を記入（図 30 参照）。

【図 30】　アイデア評価基準の記入例

⑦アイデアの評価基準を記入例。

アイデア	判断基準					
	コスト	技術	時間	・・・	効果	一押し
L字型変形	＋	0	＋＋		－	
端部折り曲げ	+++	＋	？		＋＋	
焼き入れ	0	＋＋	－		！	山田
・・・						

95

7．権利化に必要な事項の書き出し

図 31 をご覧ください。

【図 31】 権利化に必要な事項の書き出し

①権利化できそうな事項の書き出し。
②上記事項のふくらまし。
③特許群が構成できるか意識してみる。
④出願を意識した簡単な骨格を作ってみる。
⑤以降、先行出願含めたルーチンワークを行う。

①権利化できそうな事項の書き出し。

②上記事項のふくらまし。

③特許群が構成できるか意識してみる。

④出願を意識した簡単な骨格を作ってみる。

⑤以降、先行出願含めたルーチンワークを行う。

図 32 をご覧ください。

【図 32】 個人作業

①問題点を列挙してください。
　問題点→
　・・・
　問題点→

【個人作業】

18 の視点を見ながらアイデア出しを個人作業で行う。

①問題点を列挙してください。

　・問題点　→　・・・

　・問題点　→

96

第9章　18の視点のワークショップ

図 33 をご覧ください。

```
【図 33】　グループ作業
```

①問題点をグループで列挙してください。
　問題点→
　・・・
　問題点→
②その問題点の一つに注目して18の視点から解決案を
　いくつか挙げてください。
　やり方は、説明した通りの作業でお願いいたします。
③ある程度まとまりましたらアイデアの評価表を作って
　ください。

【グループ作業】

①問題点をグループで列挙してください。

　・問題点　→　・・・

　・問題点　→

②その問題点の一つに注目して 18 の視点から解決案をいくつか挙げてく

　ださい。やり方は、説明した通りの作業でお願いします。

③ある程度まとまりましたらアイデアの評価表を作ってください。

```
【図 34】　グループ作業
```

④グループの結果発表を行います。
⑤発表後、他のグループから簡単なコメントを頂きます。
　但し、内容についての批判でなく、相乗りなどで一層
　すばらしいアイデア等の前向きなコメントをお願いし
　ます。
⑥発表後は温かい拍手をお願いします。
⑦回答内容の素晴らしさではなく、グループで考える事
　が大事です。

④グループの結果発表を行います。

⑤発表後、他のグループから簡単なコメントを頂きます。但し、内容についての批判でなく、相乗りなどで一層すばらしいアイデア等の前向きなコメントをお願いします。

⑥発表後は温かい拍手をお願いします。

⑦回答内容の素晴らしさではなく、グループで考える事が大事です。

第 10 章
持続的イノベーションの限界

第10章　持続的イノベーションの限界

1．技術のイノベーションだけでは限界がある

図35をご覧ください。

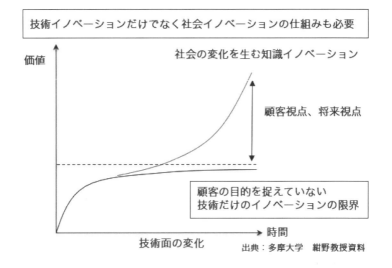

【図35】 技術のイノベーションだけでは限界がある

多摩大学の紺野教授の資料です。技術イノベーションだけでなく社会イノベーションの仕組みも必要です。ややもすると技術者は、現行技術を磨き上げることに夢中になり、その製品が全く違うものに置き換わってしまうことを見失う傾向があります。社会の変化を生む知識イノベーションには、顧客視点、将来視点が大事で、そもそも顧客は何を欲しがっているかを考えます。

2．価値観尊重

図36をご覧ください。

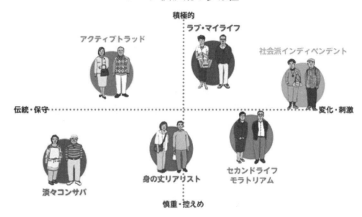

【図36】 価値観尊重

出典：株式会社ビデオリサーチ「VRシニア価値観クラスター」（対象者1000人）の結果です。昔のマーケティングは、年齢別や性別でセグメンテーションしておりましたが、今ではシニア価値観の多様性が認められております。

3．市場に注目

市場は、絶えず変化しているので、それに合わせた発想の方向で技術（知財）を権利化する。いくら良い技術でも使えない技術があります。

ミクロトレンド分析は、バックミラー分析です。新規市場の市場アンケートや顧客インタビューで過去からの連続性で将来を予想します。

マクロトレンド分析は、その他の市場や人々の関心を予兆から体感してくるもので、まったく関係のないようなところの変化の気づきが大切です。

4．生活の変化

　生活の変化も、マスマーケティングからパーソナルマーケティング、物から事へ変化してきました。次は何が来るか仮説を立てて検証します。できるだけ立場の異なる業界の方々と積極的に接触することをお勧めします。

5．世論調査

　図37は内閣府の資料ですが、理性判断から感性判断が重要になってきて来ているのがわかります。ただ、物の豊かさが無くなるわけではありませんので、逆にここに注目した技術の可能性も必要です。

【図37】　国民生活における世論調査

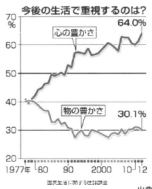

出典：内閣府　国民生活における世論調査共同通信社編集

第 11 章
破壊的イノベーションのための
発想構造

第11章　破壊的イノベーションのための発想構造

1．新規の発想構造

　新規の発想構造は、図38の通りです。要するに商品の機能性能ではなく、そもそも何でその商品が必要とされるのかの追求することが大事です。その商品を購入した理由が何か。実は商品自身が欲しいのではなく、その商品を購入したことによる生活の変化や生きがいが欲しいのです。

　その商品についての検討項目例として、わくわく感、ドキドキ感、初体験、思い出、楽しい時間、自然な便利さ、お手軽、環境重視などがあります。モノからモノへの発想でなく、そのモノでこれから得られる期待値、またモノを使うことによる愛着など、モノの周りにあるメタデータが大事です。

　結果として、文化、精神、作法、生活様式、生きがいなどが、商品購入の着地地点に存在します。

【図38】　新規の発想構造

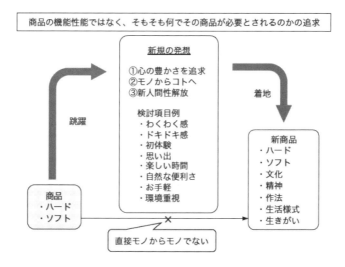

2．対象領域

　破壊的イノベーションの対象領域は、18の視点より上位の領域です。図39を参照してください。新たな概念による新規システムの創造（ライフスタイルが変わるレベル）や分野をまたがる解決策（システムの抜本的変更等）の領域です。商品企画でなく事業企画が新規市場創造を目指す領域となります。

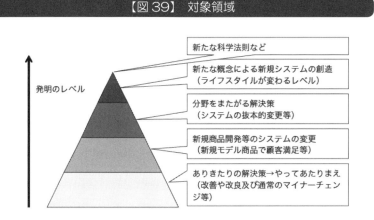

【図39】対象領域

3．守破離の考え方

　図40をご覧ください。

　上が法律家の存在領域で、下が技術者の存在領域です。法律は人間が取り決めた領域なので、人間が変更できることができます。ところが、技術は自然法則を利用した領域なので、人間が自然法則を変更できません。

【図40】 存在領域

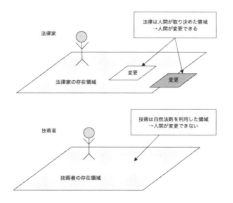

そこで、守破離の考えかたを活用してみます。

【守】

技術者は専門分野で問題を解決することを徹底的に試みてください。その時に重要なのは、自分の領域をはみ出さない事です。自分の技術領域でどうしても課題解決ができないことを悟ってください。

【破】

解決できない課題を自分の領域を抽象概念で俯瞰します。常識を捨て去り本質を追求します。その時大事なのは、ほかの領域の技術者とコンタクトすることです。機械技術者が素材技術者や電気電子技術者及びバイオ技術者、さらにはデザイン部門の方々とコンタクトすることをお勧めします。

特にデザイナーは、独特の感性で意見を言ってもらえるので、問題解決のヒントが見つかるケースが多いです。できるだけ現状から飛び去ってください。着地は、次の「離」で行います。

【離】

図41をご覧ください。

破で発想を飛ばしたら、新しい発想の領域に着地します。抽象概念から他次元に着地することで、問題解決がなされます。特に着地地点が大事です。

【図41】 守破離

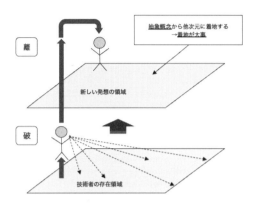

◇守破離を行うための予備知識
　【論理展開】
　論理展開は２つの方法である「演繹法」と「帰納法」を活用することです。

【図42】 演繹法と帰納法

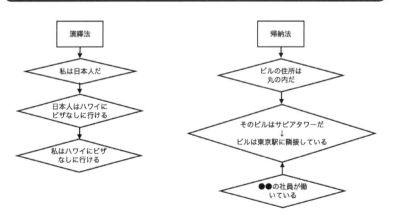

【図43】 編集法と発想法

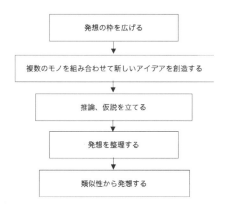

第 12 章
破壊的イノベーション創出ピラミッド

第12章　破壊的イノベーション創出ピラミッド

発想のウォーミングアップ

◆ Let's think_ 身近なもの4：ドア

下図のドアは、ノブを握って引いても押しても開きません。でも、発想を変えるとすぐに開きます。どうすればよいでしょうか。

解答例は188ページにあります。

◆ Let's think_ 身近なもの5：カーナビ

カーナビの仕様は大体同じですが、現行のカーナビに囚われないカーナビを考えてみてください。解答例は188ページにあります。

１．先入観を捨てるには

　発想のウォーミングアップ４（ドア）で示した通り、人間は習慣化で「これは、こうすべきだ。」といつの間にか染みついた行動や思考パターンに入ってしまいます。今まではそうであったが、本当にそうなのかと疑ってみる習慣と気づきが必要です。特に優れた工業デザイナーは、形をデザインするところから入らず、使用感やそのものの価値をデザインするところから入ってきます。結果として使いやすい形状デザインが生まれてきます。

２．顧客価値観を尊重する

　筆者は、企業内での発想ミーティングのグループ構成を次のようにしています。

　人数：５人または７人

　　理由１

　　　奇数でないとグループの意思決定ができない。偶数だと意見が割れたら取集できない。

　　理由２

　　　３人だと発想がすぐ出なくなる。９人だと発言に参加しないでさぼるのが出てくる。

　分野：５人の場合（例：デザイン１名、理系２名、文系２名）

　　　　　７人の場合（例：デザイン２名、企画１名、技術２名、営業２名）

　　理由１

　　　理系ばかりだと、どうやって作るとか方法論に入り、できない理由を山ほど述べる。文系ばかりだと発想は良いのだが、どうやって実現するかわからないことが多い。

　　理由２

　　　デザインは、そのモノを使ったライフデザインから入る発想なので、必ず１名は必要となる。

　構成：必ず女性を入れること。

　　理由１：男性の発想と視点が異なる。

例として「時計機能の付いたアクセサリー」と「アクセサリーの付いた時計」についてどう思うかと聞くと、男性のほとんどが同じと答えます。しかし、女性のほとんどは全く違うと答えます。

　　　モノが同じものでも違うと答えます。

　　　×時計機能の付いたアクセサリー

　　　○アクセサリーの付いた時計

アクセサリーは、アクセサリーであって、時計機能など要らない。

アクセサリーの付いた時計は、装飾のされた時計だから必要。

男の視点では、女性に指摘されないとわからないことが多いです。

これだけでターゲット顧客が変わってきます。

　同様に「おまけの付いたお菓子」と「お菓子の付いたおまけ」についてどう思うかと聞くと、どちらも同じと答える人が大半です。おまけの付いたお菓子は、お菓子が主体です。でも、お菓子の付いたおまけは、おまけが主体なので、おまけじゃない。でも、おまけが欲しいから、玩具付きお菓子を買うのです。

　「自動車の基本は何ですか？」とトヨタ自動車に聞くと「走る」「曲がる」「止まる」と答えが返ってきます。同じことを本田技研工業に聞くとステップワゴンの企画者からは、お風呂カーという答えが返ってきました。自動車の機能という価値観でなく、車内環境が先にくるとの発想でした。早く遠く安全で低コストの楽しい移動空間と時間を楽しむことだと思います。

３．メタファ

　これらの発想をするコツとして、暗喩（見立て：メタファ）を大切にすることです。三好達治という詩人が「土」という詩の中で「蟻が蝶の羽をひいて行く、ああ？？？のやうだ」と書いております。蟻が熱い夏の昼間に蝶を巣まで運んでいる様子を見て「蟻が蝶の羽をひいて行く、ああヨットのやうだ」と見ます。

　そのものを見るだけでなく暗喩（見立て：メタファ）を大切にすることです。

第12章　破壊的イノベーション創出ピラミッド

【図44】　暗喩（見立て）を大切にする

三好達治の詩「土」

蟻が蝶の羽をひいて行く、ああ？のやうだ

正解は「ヨット」

見立てることが大事
・固定観念をすてる　　・モノの見方を広げる
・発想の恥を捨てる　　・知識より知恵を出す
・何が本質なのか　　　・初めはできないのが普通

　それにより、「固定観念をすてる」「モノの見方を広げる」「発想の恥を捨てる」「知識より知恵を出す」「何が本質なのか」「初めはできないのが普通」を学びます。

　静嘉堂文庫美術館所蔵の曜変天目茶碗をみると宇宙が見えます。中島誠之助が「自然釉が流れて景色になっている」と言っているのと同じです。

【図45】　自然釉が流れた景色

暗喩（メタファー）が大事

何に見えますか？→　　　曜変天目茶碗

宇宙？

出典：静嘉堂文庫

備前焼きでは中島誠之助が
「自然釉が流れて景色になっている」

113

4．破壊的イノベーションの発想法

新規発想法は、心の豊かさに基づいています。

- 「あんなことがしたい」「こんなことがしたい」だからこんな商品が欲しい。
- 商品は目的達成の結果です。
- 技術（特許）は達成するための手段です。
- すべて自分だけの自己実現のためにあります（マズロー欲求）。
- 今までのマーケティング調査はバックミラーなので、参考にはなりますが、発想の原動力にはなりません。
- 顧客も気づかない潜在ニーズの探索をすることで、「顧客満足」を超える「顧客感動」を得ることができます。

5．破壊的イノベーション創出ピラミッド

筆者が提案する破壊的イノベーション創出ピラミッドです。従来のものを直接的に新規のものにするのは「持続的イノベーション」です。「破壊的イノベーション創出ピラミッド」は従来のモノを現実実施層から引き揚げて、「Why?（なぜ？）」を繰り返し、因果関係層を経て、暗喩（メタファ）まで引き上げます。そこで「What?（それって何？）」を考えます。そこを見いだせたら、どうやって着地したら良いかを考えます。その時は「How?（どうやって？）」となり、技術や販路など因果関係層を経て現実実施層へ落とし込みます。

第 12 章　破壊的イノベーション創出ピラミッド

【図 46】　破壊的イノベーション創出ピラミッド

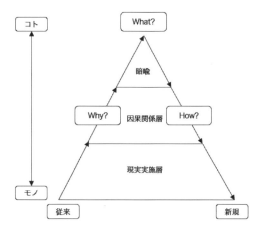

次の図では、地図帳からカーナビ、新しいカーナビへの発想の過程を示したものになります。

【図 47】　破壊的イノベーション創出ピラミッド

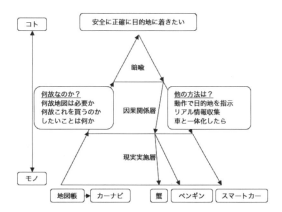

115

第 13 章
未来シナリオからの発明発想法

第13章　未来シナリオからの発明
発想法

　この章では、開発者というより5年から10年先の技術を追う研究者向けの発想法を説明します。開発現場では、3年から5年先までの商品ロードマップがある程度見えて行われていると思われますが、基礎研究などは、ややもすると研究成果の出口が不明確である場合が多いですくなりがちになってしまいます。それを防ぐために、従来の研究の延長の発想法でなく、研究テーマの目的から考えて行く発想法を身に付ける必要があります。

1．未来シナリオとは

　未来シナリオとは、不確実性のもとで起こり得る事業環境の変化とそれに対応する企業活動を想定することを踏まえて、研究テーマの策定とそれに伴う知的財産の先取りを体得することを目的とする発明発想法です。
　期待する効果は、以下の通りです。
①今までの延長線上での研究開発や特許を越えて、全く新しい視点を持つことができる。
②現在の事業領域だけでなく新規事業創出を目指すことができる。
③知的財産部門から研究開発部門（できれば　事業企画部門も）をも巻き込んで、お互いパートナーとして知的財産の先取りできる。
④知的財産開発支援活動の方法として活用する。

2．未来シナリオからの発想法のポジショニング

　未来シナリオからの発想法のポジショニングは、実践的問題解決発想法が同一階層での思考であるのに対して、思考の階層を上位階層へ飛ぶ発想法のことを指します。このことを具体的に実践的問題解決発想法と未来シナリオからの発想法とを対比した図が次の図48の未来シナリオからの発想法のポジショニングになります。

第13章　未来シナリオからの発明発想法

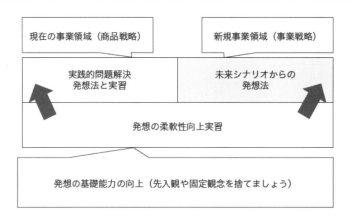

【図48】　未来シナリオからの発想法のポジショニング

　実践的問題解決発想法も未来シナリオからの発想法も、基礎部分では発想の基礎能力を向上させる実習や訓練を行います。そのためには先入観や固定観念を捨てて、積み重ね論理より感性を磨きます。実践的問題解決発想法は、特許情報のみならず、マーケティング等の非特許情報を加味することにより、現在の事業領域に於いて商品戦略を考えるポジションに位置します。どちらかというと「How？（どうやって？）」の思考法です。それに対して未来シナリオからの発想法は、そもそもその商品の本質は何かを見極めて考えるのが未来シナリオ発想法です。どちらかというと「What？（何を？）」の思考法です。

　では、未来シナリオからの発想法は、発明のどこのレベルを対象としているのが望ましいのか、有効に用いることができるよう適応する領域を意識していくことが必要です。なぜなら、未来シナリオからの発想法は、発明のレベルが低い領域に用いても、実践的問題解決発想法の方が有効となるからです。このことを具体的な図に表したのが次の図49 対象領域になります。

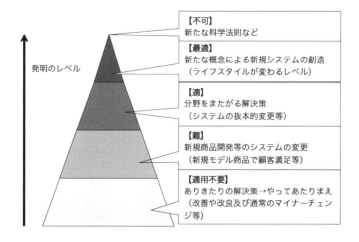

　縦軸は発明のレベルを示します。上位ほど発明のレベルが高くなります。発明のレベルが高いくなるほど数が少なくなります。

　一番上位は新たな科学法則などになるため、発明という観点からは、ほとんど出現しません。未来シナリオからの発想法は、破壊的イノベーションの対象領域が対象で、18の視点より上位の領域だからです。未来シナリオの発想法は、この図の上位2番目と3番目の領域になります。具体的には、新たな概念による新規システムの創造（ライフスタイルが変わるレベル）や分野をまたがる解決策（システムの抜本的変更等）の領域です。商品企画でなく事業企画が新規事業計画を企画行い、研究者が研究テーマの探索を行う領域となります。

　では、未来シナリオからの発想法は、どれだけ先の領域を対象としているのでしょうか。3年後、5年後、10年後と先の時間軸がある中で、ある程度実践的な予測がつく実践的問題解決発送法の1年後〜5年後（通常は3年後）を例に考えてみます。その関係を具体的な図にしたのが次の図50対象範囲になります。

第13章　未来シナリオからの発明発想法

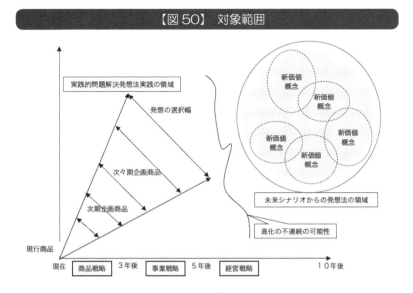

【図50】　対象範囲

　縦軸に発想のレベル。横軸に将来の時間を取っています。左下の原点を現在とすると実践的問題解決発想法は、現在の事業領域に於いて商品戦略を考えるポジションに位置するため、1年後〜5年後（通常は3年後）の中期事業を考えます。発想の選択幅は、時間が経過するにつれて、マーケットの変化によって発想の選択幅が広がっていくのがわかります。通常は、3年〜5年後のビジョンに向けて、年度ごとのマイルストーン計画を立て遂行していきます。つまり、年度ごとの連続性を重視します。

　それに対して未来シナリオからの発想法は、5年後〜10年後長期事業を考えます。現在の商品群を商品レベルの進化ではなく、現在の商品は、そもそも何なのかを考えて、新価値概念を生み出すために、非連続的になります。例えば、現在の商品の置き換えやまったく違ったビジネスモデルだったりします。

　それでは実践的問題解決発想法と未来シナリオからの発想法とは、実際の事業でどのように使い分けたらよいでしょうか。

　実践的問題解決発想法と未来シナリオからの発想法の事業に於ける違いを明示したのが次の図51 対応表になります。

121

	実践的問題解決 発想法	未来シナリオ からの発想法
顧客	顧客満足	顧客感動
市場	既存市場	新規市場
提案	新商品提案	新規市場提案
マーケットシェア	シェア向上	シェア独占
事業リスク	中	大
利益貢献度	大	大（当たれば）

【図51】 対応表

　実践的問題解決発想法は、既存市場での顧客からのニーズ（現行商品の要望や不満点等）を取り込んで、それを解決して新商品提案をしていきます。それを行うことにより、顧客満足度が向上して、現行商品の市場競争力が増えてマーケットシェアの拡大による売り上げ拡大と利益率向上のサイクルが行われます。

　すでに市場が出来ていることと通常の投資なので事業リスクも中程度であり、利益貢献度は大きいことが想像できます。それに対して、未来シナリオからの発想法は、既存市場での顧客からのウォンツを取り込んで、それを解決して新規市場を提案していきます。それを行うことにより、顧客からは顧客感動（そう、これが欲しかった！）が得られます。マーケットシェアは、コモディティ化するまでシェア独占の状態が続きます。ただし、書状が未開拓であることや累積の研究開発費が大きな負担となり、当たれば大きいという利益貢献度の保証もないことから、事業リスクは大きくなります。

3．なぜ未来シナリオからの発想法が必要なのか

　なぜ未来シナリオからの発想法が必要なのかを考える上で、世の中の技術の変遷を具体的な現象を観察してみます。その中には、従来技術が新しい発想の技術に置き換わっていることがわかります。人間が欲するものは変わらないのに、技術が置き換わっていることを認識する必要があります。

　技術分野における現象を実際の商品やサービスについて具体的に紹介し

第 13 章　未来シナリオからの発明発想法

た図が次の図 52 現象になります。

【図 52】　現象

信号処理
　　→アナログ→ディジタル→ソフト→クラウド
　　→任天堂赤字、フェイスブック危機説

電気自動車
　　→摺合せ技術→組み合わせ技術
　　→ステラモータース、日立、東芝

再生医療
　　→長すぎる寿命→痴呆や植物人間→尊厳死

　未来シナリオからの発想法は、従来の価値観を破壊します。信号処理で言えば、アナログ、デジタル、ソフト、クラウドと技術の変遷があります。また、自動車でいえば内燃機関のすり合わせ技術から、EV の組み合わせ技術へ移行してきています。さらに、再生医療の発達によって長すぎる寿命、認知症や植物人間、そして尊厳死の重要性があります。

　これらの技術的変遷について基本的な法則があります。この法則を理解することは、未来シナリオからの発想法を行うときの基礎知識となります。また、この法則を越える発想も未来シナリオを描くために必要となります。

　これらの法則に一部を紹介した図が次の図 53 の法則になります。

123

【図53】 法則

---

①収穫加速の法則
　情報をベースとするすべての技術は、指数関数的に成長する。
　また、情報技術の分野は毎年２倍のスピードで成長している。

②ムーアの法則
　半導体の集積度は18〜24か月で２倍になる。

③ギルダーの法則
　光ファイバーの帯域は６か月で２倍になる。

④メトカーフの法則
　ネットワークの価値は利用者数の２乗に比例する。
　また、ネットワーク全体の価値は利用者数に比例する。

　少し古いですが一般的な法則を４つほど並べてみました。現在は、かなり法則におけるスピードや集積度等の伸びが鈍化してきております。これとは別に量子コンピュータやAI技術の飛躍的向上が注目されます。古いビジネスモデルの崩壊は、常に起きております。いつでも誰でも異次元から市場参入して、市場のルールを破壊します。

　例として古いですが、サニタリーの花王がカテキンを使ってヘルシア緑茶、写真の富士フィルムがコラーゲンを使って化粧品（アフタリフト）や飲むコラーゲンで参入、紳士服のAOKIが会員制カフェの快活CULBやブライダルのアニヴェルセルおよびカラオケのコートダジュールなどの事業展開例があります。

　このように隙さえあれば、市場に新規の競合相手が入ってきます。今までのビジネスモデルが通用しないことが多くあります。そこで必要なのは、パラダイムシフトです。今までの強みが弱みとなる場合も多々増えております。パラダイムシフトについて考えてみましょう。

　パラダイムシフトについて具体的に説明した図が次の図54の分析になります。

【図 54】 分析

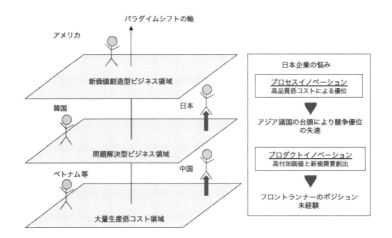

　日本のポジションは、問題解決型ビジネス領域です。高品質低コストによる優位性によるプロセスイノベーションによって世界での市場競争力を保ってきました。ただ、アジア諸国の大量生産低コスト領域を使って生産を確保してきましたが、中国を筆頭に日本の問題解決型ビジネス領域に入ってきました。過剰な高品質と異常な低コスト追及で低給与体質から抜け出せず、本来ならば新価値創造型ビジネス領域にパラダイムシフトすべきところが出来ておりません。当付加価値と新規需要創出するプロダクトイノベーションができていないからです。
　では、どのようなことがイノベーションの妨げになっているか、イノベーションの憂鬱となっているのでしょうか。
　これらについて具体的に説明した図が次の図 55 のイノベーションの憂鬱になります。

【図55】 イノベーションシフトの憂鬱

　日本は、今まで優秀なプロセスイノベーション（高品質低コスト）によって世界で勝ち残ってきました。ところが中国を筆頭にプロセスイノベーションで追いつかれております。さらにプロダクトイノベーション（高付加価値と新規需要の創出）へのパラダイムシフトが出来ていません。簡単に言えば、受験等で答えのある問題をエレガントに説く方法は得意なのに、問題点の気づきや問題作成能力が欠如しているという現象です。

　日本がなぜパラダイムシフトができないか、それは三つの理由があります。一つ目は、ビジョンが描けていないからです。顧客や市場に対する既存の発想からの飛躍が出来ていません。二つ目は、技術経営ができる人材がいないからです。全社横断的な視野と市場洞察による技術評価（目利き）と人脈を持った人材育成ができていません。三つ目は社内知識連鎖が未熟だからです。組織間の連携に対して道具はあるが、本当の潜在ニーズ、戦略、情報の共有が足りません。

　では、プロダクトイノベーションへどのようにパラダイムシフトすれば良いのでしょうか。それには、未来シナリオからの発想法の実践が必要となります。

4．未来シナリオからの発想法を行うには

　将来構想のための基本姿勢として未来は予測できないという事が前提となります。予測ができないということは想定外のことが起きることがあるということです。しかし、想定外を考えることは難しすぎるため、どうしたら良いでしょうか。

　そこでの想定外を考えることに欠かせない思考を行う方法を図が次の図 56 の構想力のために欠かせない思考となります。

【図 56】　構想力のために欠かせない思考

　まず左の通常の分析的思考、未来予見をご覧ください。通常の分析的思考や未来予見をすると現在の情報を分析して、最もありえそうな将来像へと絞り込むことを行います。これは自社だけでなく他社も各種トレンドを推定して、そのトレンドの延長線上を考えるのが普通です。他社含めて誰でも考えそうな方向にリソースを傾けて集中すると、結果的に他社を含めた価格競争になってしまいます。

　次に右の未来シナリオ思考をご覧ください。未来シナリオ思考をすると未来は予測できないため、最も重要であるが最も不確実なことに着目して発想を広げるという方法を取ります。これにより、従来の延長線を断ち切って新しい価値の表出を行い、そこから何をすべきか選択を行います。

では、それをする能力とは何でしょうか。それはコンセプチュアルスキルの中核能力です。
　コンセプチュアルスキルの中核能力について説明した図が次の図57のコンセプチュアルスキルの中核能力になります。

　図57で示しているのは、コンセプチュアルスキルの中核能力として複眼的な思考力を鍛えることです。具体的には、特定の物の味方や考え方にとらわれない独自の新価値の視点を持つことです。
　それにはコンセプチュアルスキルの中核能力として複眼的な思考力を鍛えるためには、経営理念とビジョンとの意味づけを明確にしておかなければなりません。
　そこで経営理念とビジョンとの意味づけをイメージした図が次の図58の経営理念とビジョンとの意味づけになります。

第13章 未来シナリオからの発明発想法

【図58】 経営理念・ビジョンとの意味づけ

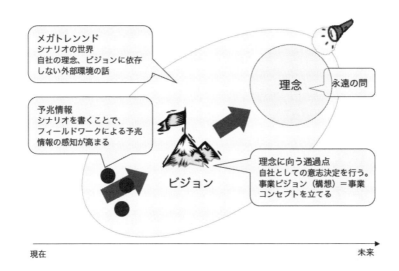

　まず、左下の現在から近い未来において、予兆情報を使って通常の分析的思考を行います。シナリオの世界を考えるにあたり、

① 自社に理念やビジョンに依存しない外部環境をメガトレンドとして認知することから始めます。それには、小さい事柄の予兆情報への気づきが必要となります。

② これらを踏まえてビジョンを掲げます。ビジョンは、理念に向かう通過点であることを忘れないようにします。

③ その次に構想するための視野の転換が必要となります。このように未来シナリオからの発想法と経営理念・ビジョンとの紐づけがされます。

　未来シナリオからの発想法と経営理念・ビジョンとの紐づけする構想するための視野の転換についてイメージした図が次の図59の構想するための視野の転換イメージになります。

129

【図59】 構想するための視野の転換が必要

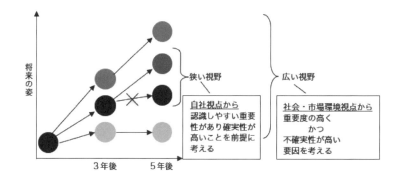

縦軸が望むべく将来の姿、横軸が未来への時間軸です。
最初に、
①左下の現在から自社の視点から「認識しやすい重要性が有り」「確実性が高い」ことを前提に考える狭い視野を明確にします。

次に、
②社会や市場環境の視点から「重要度が高く」「不確実性が高い要因を考える」広い視野を明確にします。

ここまでは、通常の分析的思考や未来予見とかなり似ております。ここからは、発想を広げてから2年後に実現可能なストーリーに引き戻すことが必要となります。このことをメージした図が次の図60の発想を広げてから2年後に実現可能なアプリに引き戻すイメージになります。

【図60】 発想を広げてから2年後に実現可能なアプリに引き戻す

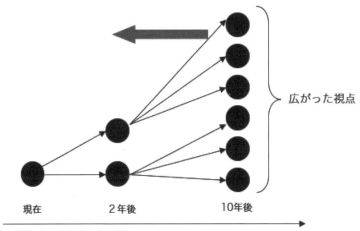

10年後のどんな姿を目指して、2年後に何をするのか・・・

　10年後の広がった視点から現在を見つめ直す志向が必要となります。最初に自社の視点から認識しやすい重要性が有り、確実性が高いことを前提に考える狭い視野を明確にします。次に社会や市場環境の視点から重要度が高く、不確実性が高い要因を考える広い視野を明確にします。具体的には、10年後のどんな姿を目指して、2年後に何をするのかを考えることが必要です。
　未来シナリオとは、未来を説明する複数のストーリーです。未来はさまざまな可能性があり、その見通しは不確実なものです。ステークホルダーが抱えている将来に対する不安の元になっている不確実性を掘り下げ、ビジネス環境がどのように変化していく可能性があるかを複数まとめたものです。将来事業を左右する重要な要因や力を探し出し、それらが向かおうとしている方向によって、複数の将来像を描き出す手法です。使い方は、不確実性のもとで起こりうる事業環境と、それに伴う企業行動を事前に想定し、ＳＷＯＴ分析の事業機会の幅を広げるチャートと捉えてください。
　これまでの説明は、みな右肩上がりで表現されておりますが、現実は不確実性が多く、想定外の外部環境なので急上昇や急降下の憂き目にあうのが普通です。そこで、一般的な未来シナリオの二次元的にイメージした図が次の

図61の未来シナリオの二次元的なイメージになります。

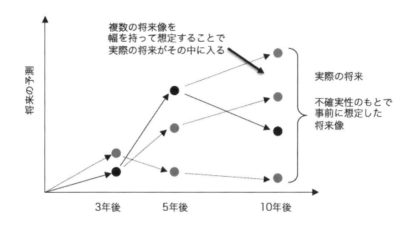

【図61】 未来シナリオの二次元的なイメージ

　横軸が時間軸で、縦軸が将来の予測のポジションです。実際の将来が実線で表しており、点線が3年後、5年後、10年後の複数のシナリオを想定します。不確実性のもとで事前に想定した将来像で、複数の将来像について幅を持って想定することで実際の将来がその中範囲内に入ります。
　ただ、この二次元的なモデルは将来の予測が、上下一つの不確実性のパラメータ軸でしか表現されていません。実際に、将来の予測としての不確実性はかなり存在します。ただし、不確実性の次元を多次元にすると分析が複雑かつ困難になります。そこで、少なくとも将来の予測としての不確実性のパラメータを上下左右の2軸で表現し、将来のシナリオを2軸で構成される面でとらえて分析しし易くしたのが次の図62の未来シナリオの三次元的なイメージになります。

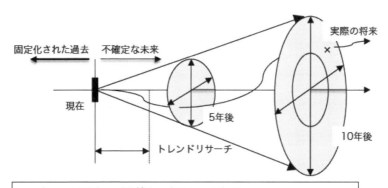

【図62】 未来シナリオの三次元的なイメージ

- 一般的には過去の延長線上で考える→1年先
- トレンドリサーチ法（過去資料＋積上推論）→2〜3年先
- 異なる世界の出現を前提とするいくつかの未来を想定

　横軸が時間軸で、縦軸が将来の予測のポジションです。図62にX軸、Y軸、Z軸として点線が3年後、5年後、10年後の複数のシナリオを想定します。ここで重要なのは、三次元にすることで、3年後、5年後、10年後の複数のシナリオが2軸の面で表されることです。このようにすると不確実性のパラメータが1つから2つに設定が可能となります。この面では第1象限から第4象限の表現が可能となります。現在から5年後、10年後となるにつれて不確定要素が増えて想定が拡散していきます。10年後の範囲が5年後の範囲より広いことがわかります。複数の将来像について幅を持って想定することで実際の将来がその中に入ることとなります。実際の将来は、5年後の範囲と10年後の範囲を通過する曲線で表しています。また、通過できるように不確実性の範囲を広く設定することが重要です。

　未来シナリオの2軸の不確実性のパラメータで構成される面の説明と象限の説明をした図が図63の2軸の象限になります。

【図63】 ２軸の説明と象限の説明

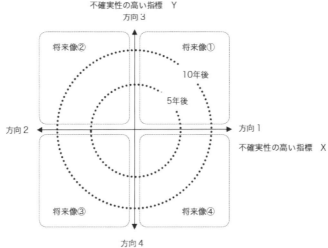

「不確実性が高く重要な指標A,B」を軸にして、①～④の４つの将来像を描く

　図63は図62の不確実性の円を10年後から見た図になっています。Ｘ軸とＹ軸は、今後において最も重要であるが最も不確実なことを軸とします。５年後、10年後の複数のシナリオが２軸の面で表されることです。原点は現在の状態で、５年後の不確実性に簡易は５年後の円で描かれております。10年後となるにつれて不確定要素が増えて想定が拡散し、円が大きくなります。この不確実なことをＸ軸とＹ軸との設定することにより、４つの象限を描くことができます。この象限は未来像を表現します。
　ここで注意すべき点が三つあります。第一に注意すべき点は、Ｘ軸とＹ軸が同じ観点でないことです。同じ観点で要因を選ぶとＸ軸とＹ軸ではなくて、Ｘ軸とＸ軸あるいはＹ軸とＹ軸となってしまい、象限が出来なくなります。例えば、デジタル化と数値化にした場合どちらも同義語に近いため、面が構成できません。
　第二に注意すべき点は、選んだ要因が同じ階層であることです。違う階層の要因を選ぶと交差点が無い、つまり立体交差（ねじれの位置）となって原点が出来なくなります。

第三に注意すべき点は、軸の両端ができるだけ相反する項目を選んでください。例えば、「原油の価格が上昇する」と「原油の価格が下落する」とかです。また、「技術が進歩する」と「技術が進歩しない」は、もちろん相反なので問題はないのですが、「技術の進歩が速い」と「技術の進歩が遅い」でも問題ありません。

5．未来シナリオの基本方針

では基本的にどうすればよいのかを説明します。

①まずは、不確実性の最大公約数を求めます。第一に未来は予測できないことを再認識します。第二に自分たちの会社がどういう要因を想定したらよいかを議論し決定します。その時の考えるポイントは、「自分たちの会社に多大な影響のある要因」と想定する上で「最も不確実な要因」です。ここではいろいろな要因をなるべくたくさん候補をあげることが重要です。ここで漏れると先に行って進めなくなってしまいます。その場合は、この時点に必ず戻ることをお勧めいたします。第三に不確実性の最大公約数は、不確実（わからないこと）で自社に最も重要なX軸とY軸の設定を絞ることです。

②次にテーマの決定をします。何のために行うのか（目的）を最高意思決定者(社長や事業部長)に有意義な問い（ヒアリング）をします。それは、意思決定すべき課題は何なのかという問いです。内容としては自社に関係しそうな領域であることで、「いつまで」「地域」「領域」等を考慮します。例えば、「○○のために我々は何を準備しておくのか」ということです。テーマの決定も十分議論をすることをお勧めします。

③さらに影響する要因の列挙と弁別を行います。そのテーマが自社にとってふさわしいテーマなのかを裏付けます。裏付けには、テーマに影響する要因として「政治」「経済」「技術」「環境」「社会」など60件以上を列挙します。列挙が終わったら要因の分別を行います。方法は、既定要因と不確実要因を弁別します。具体的には、不確定要因の中で業界共通の影響力があって今後に大きく変化する要因の抽出をします。

④要因の抽出が終わったら「自分たちの会社に多大な影響のある要因」と「想定する上で最も不確実な要因」を踏まえてＸ軸とＹ軸の設定を行い、軸に名称を付けます。またＸ軸とＹ軸の設定で作られた４象限についても名称を付けます。ここでは、参加者全員の合意形成が必要となるので、十分議論することをお勧めします。

⑤Ｘ軸とＹ軸の設定で作られた４象限の名称ができたら、チャートの作成に入ります。チャートの作成作業は、ロジックの明示とチャートの充実を行います。ロジックの明示は、何故そうなったのかを説明するための作業です。チャートの充実は、そのロジックについての肉付けとした５年後および10年後の想定世界に生きている人々（ペルソナ：人物像設定）の生活等を具体的に描いてみます。５年後の生活を発想するならば、想像しやすい３年後での生活を営んでいると仮定して、何がしたいか（モノではなくコト）を想像して、その２年後（つまり５年後）にどのような生活がしたいかを考えます。具体的には、何人かのペルソナを想定して、朝のルーティーンから寝るまでの１日をドラマ風に書きます。これは数人で担当して書いていきます。

⑥具体的には、３年後の世界を想定してペルソナの設定を設定します。30代の専業主婦で夫と長女（７歳）と長男（３歳）の４人家族構成。趣味は家庭内のレシピを広げるという理由でランチとカフェめぐりをしている。専業主婦ではあるが、実はWebで動画付きのレシピブログを開設して色々な方々と交友を広めながら広告収入を得ている。健康にも関心があって毎日ジムに通っている。このようなペルソナが今後も豊かな生活をするために何がしたいか（モノではなくコト）を想像して、そのまた２年後（つまり５年後）にどんな生活がしたいかを考えることをします。また、長女の立場から小学校で何があったかなども複数書きます。家庭内のことで書く政治や世界情勢などを加味して書きます。10年後も同様の作業を行います。そして、そのペルソナのニーズでなくウォンツを一言でいうタグを作ります。タグを作ったら、図63の４象限のどこにあたるのかを考えて５年後と10人後の円周付近に貼り付けていきます。この４象限で４つの想定された世界のチャートが出来上がります。

第13章 未来シナリオからの発明発想法

⑦できたチャートに対しての2つの考察をします。第一は、得られた4つ
の想定された世界で現在において我々は何をすべきか。第二は、どの世
界に向かったとしても、現在において我々は何をすべきかを考えます。

⑧具体的には、市場機会と事業機会の列挙を行います。最初に、上記の世
界で新しく生まれると思われる新規市場はどんなのが想定できるのかの
列挙を行います。この場合で自社に関係しないと思われる領域も想定を
広げる意味で重要なので必ず列挙するようにします。10年後に自社が
関係するかもしれません。次に列挙した市場機会の中で自社の事業領域
に照らし合わせた事業機会を列挙します。この場合でも周辺のはみ出し
領域も重要なので必ず列挙するようにします。これで自社の事業機会が
おぼろげながら見えてきました。

⑨この見えてきた事業機会を逃さないために4つの世界における技術要件
の列挙を行っていきます。そのためにペルソナで考えられる4つの世界
（象限）のライフスタイルで当たり前に思われる項目、例えば「必要」
「便利」「生活作法」などに使われる技術や研究テーマの列挙を数多く
行います。

⑩列挙した技術や研究テーマに対して、大枠の研究開発戦略（仮説）を策
定します。大枠の研究開発戦略に対して具体的にはどうするかをブレイ
クダウンして、研究者と知財担当者で「研究テーマ（研究者）」と「特
許群（知財担当者）」の構築と策定の検討を行います。この時にIPラ
ンドスケープを行います。IPランドスケープができないようであれば、
少なくとも先行技術調査を知的財産情報で行うことが必要です。先行特
許文献が無いようであれば発明を完成させて出願します。これを少なく
とも年に1回、できれば2回定期的に行うのが理想的です。

　ここまで、未来シナリオからの発想法のことを述べてきましたが、未来シ
ナリオからの発想法がすべて万能であるとは限りません。そこは、未来シナ
リオからの発明発想法の利点と欠点を認識しておく必要があります。それを
説明した図が次の図64になります。

137

【図64】 未来シナリオからの発明発想法の利点と欠点

利点（できること）	欠点（できないこと）
・中心課題に対して関連する「外部環境の変化」を共有できる。 ・特定の「外部環境の変化」を予兆としてとらえる習慣がつく。 ・シナリオ（文章）を描くことで、複数の将来のイメージが共有できる。 ・不確実性が高いことに着目することで、想定の範囲を広げることができる。 ・ビジネスや製品をシナリオにマッピングする事で、それらの関係性が整理できる。 ・不確実性が高い長期展望に有効である。	・描いた未来シナリオ資料だけで、将来の世界の方向性や、戦略の方向が分かるわけではない。 ・将来の可能性がある世界を描くだけで、確実な将来像が描けるわけではない。 　（将来予測ツールではない） ・未来シナリオ創造のプロセスを共有していない人にとっては、シナリオの解釈に幅がある。 ・未来シナリオの骨格を構築するのに、時間がかかる。 　（何度か作りなおすことが多い）

利点として、以下の点があります。

①中心課題に対して関連する「外部環境の変化」の共有ができます。

　　未来シナリオからの発明発想法のプロジェクト参加者（事業企画部門、研究開発部門、知的財産部門、デザイン部門等）の自社が向かっていく方向性の合意形成ができ、その後の事業推進に一丸となれます。

②特定の「外部環境の変化」を予兆としてとらえる習慣が身に付きます。

　　よくあることですが目の前の課題解決のみに追われて、気が付くと競合他社が次の事業階層に移行していることに見落としていることがあります。未来シナリオからの発明発想法では、目の前の課題解決のみならず、長期展望に立ったシナリオを書く必要性から「外部環境の変化」を予兆としてとらえる習慣が身に付きます。

③未来シナリオを描くことで、複数の将来のイメージの共有ができます。

　　よくある未来予想は、現在からの論理の積み重ね方式であるため、結論まで一つのストーリーに落ちりやすくなります。未来シナリオからの発明発想法では、複数の将来のイメージが共有できて、それに対する対策案をも複数用意することができます。

④不確実性が高いことに着目することで、想定の範囲を広げることができます。

　未来は不確実であることを前提にしているため、重要かつ不確実なことに注目して考えることで、想定の範囲を広げることができます。

⑤ビジネスや製品を未来シナリオにマッピングする事で、それらの関係性が整理できます。

　未来から現在を見つめ直すことにより、その未来に対して現在何をすべきがわかります。共通のビジョンに向けての行動がビジネスや製品を未来シナリオにマッピングする事ですっきりします。

⑥不確実性が高い長期展望に有効です。

　特に現在のようなVUCA（「Volatility：変動性」「Uncertainty：不確実性」「Complexity：複雑性」「Ambiguity：曖昧性」）というような「将来の予測が不可能な状況」まさに「明日何がおきるかわからない予測不可能な時代」において、変化に臨機応変に対応する力と高い長期展望の指標として羅針盤のように有効です。それによって、スピーディーな経営判断とリスクに備えて常に対応策を考えることができます。

欠点として、以下の点があります。
①描いた未来シナリオ資料だけで、将来の世界の方向性や、戦略の方向が分かるわけではありません。

　未来シナリオ資料は、幅広い想定での羅針盤です。１回行うだけでなく、何回も行い続けることが大事です。

②将来の可能性がある世界を描くだけで、確実な将来像が描けるわけではない。

　未来シナリオは、将来予測ツールではないことを認識しておかなければなりません。そうしないと、未来シナリオ資料が独り歩きしてしまい、その未来シナリオ資料が絶対と思って事業計画を立てるという危険性があります。不確定な未来には絶対はありえません。そのために常に世の中の変化に応じて見直すことが大事です。

③未来シナリオ創造のプロセスを共有していない人にとっては、シナリオの解釈に幅があります。

　　なぜそのような結果なのかを理解せず、単に結果だけを求めるのは危険です。未来シナリオは、そこに至るプロセスが大事です。

④未来シナリオの骨格を構築するには時間がかかります。

　　刻々と現在の外部環境と社内の内部環境が変わっていくので、何度か作り直すことが多いためです。

6．未来シナリオからの発想法の進め方

　では、具体的に未来シナリオからの発想法の進め方はどのように行えば良いのでしょうか。概略手順を表にした図が次の図65の概略手順になります。

【図65】　概略手順

準備	チームを結成する
手順01	未来シナリオのテーマを設定する
手順02	テーマに影響を与える要因を抽出する
手順03	重要度が高く、かつ不確実な要因を選択する
手順04	選択した要因をグループ化する
手順05	グループ化した要因から、対称的な軸を考え出す
手順06	2軸の組み合わせを考える
手順07	4つのシナリオ（世界観）を考える
	・各象限の本質を的確に示すタイトルをつける
	・各象限のシナリオを文章で作成する
手順08	各シナリオの兆候を見つける
手順09	競合他社の動向をマップ上にプロットしてみる
手順10	各象限において自社がやれることを考える
手順11	いずれにせよ、やらねばならぬことを考える
手順12	戦略の方向性を決める（研究戦略と知財戦略）

①最初に留意点を述べます。
- ・他の人のアイデアを批判しない。
- ・できるだけ多くのアイデアを出す。
- ・他の人のアイデアに相乗りし、創発したアイデアを出す。
- ・将来の世界観を広げるために「重要かつ不確実なこと」を考える。

・結果としてのシナリオよりも、シナリオを出す過程を共有することが
大切です。
・社会変化の深層構造（本質的な背景）を発見する。
・結果としてのシナリオ自身よりも、各世界に至る深層要因をメンバー
で共有し意思決定の材料にすることが重要です。

②準備　グループを結成する。
・できる限り広い職種、年齢、性別が望ましい。事業企画部門、研究開
発部門、知的財産部門、デザイン部門は必須です。必ず男女ともにメ
ンバーにします。男性ばかりに偏ると男性の発想しか出ないからで
す。また、理系だけに偏るのではなく文系も必要です。理系は技術の
積み重ね論理ですが、文系は技術的なことは関係なく、ウォンツを
言ってくれる場合が多いからです。今の時代は技術的にできないウォ
ンツを理系が技術で何とかしていく発想法が好ましいからです。
・グループ人数は５名または７名が好ましい人数です。また、人数は
必ず奇数にしてください。偶数になるとグループの意思決定ができ
なくなります。例えば、６名で意見をもとめた場合、だと賛成３名、
反対３名になってしまったら、どちらか決定できなくなるからです。
また、数の点では３名だと意見や発想が少なく、９名以上になると
サボって意見を出さないメンバーが出るからです。

構成例のようなものです。
企画部門　38 歳　男性
研究部門　32 歳　女性
国際部門　25 歳　女性
営業部門　52 歳　男性
知財部門　45 歳　男性
経理部門　42 歳　女性
生産部門　35 歳　男性

手順01　未来シナリオのテーマを設定する。

・設定には、未来シナリオの基本方針の通り行います。

・例えば最高責任者への問いかけは、下記のようになります。

> ➤ 最も不確実で大きなインパクトは何ですか。

> ➤ 今後事業が危険にさらされる要因は何ですか。

> ➤ 10年後に成功しているなら如何なる要因ですか。

> ➤ 2035年に少子化によって我々はどんな事業をやっていると思いますか。

> ➤ インドの成長によってどのような事業機会が生まれますか。

> ➤ 脱ガソリン世界において我々はいかに生き延びていきますか。

> ➤ 自然エネルギー事業における危機と機会は何ですか。

> ➤ システムの開放性（オープン）と閉鎖性（セキュリティ）は。どのようになっていると思いますか。

> ➤ 10年後もプロパテント政策は続いていきますか。

> ➤ 仮想と現実のバランスは2025年にはどのようになっていくと思いますか。

> ➤ 自社基幹事業との今後のコラボレーションの相手はどのような企業ですか。

手順02　テーマに影響を与える要因を抽出する。

・未来シナリオのテーマに影響を与える自明な要因や、社会、政治、経済、技術など内的外的要因を考えます。

・技術のロードマップから技術的な要因を抜き出します。

・法律改正などの社会的要因の変化が、新しい市場の創造を生み、事業機会を広げていくことになります。

・思いつく要因をたくさん挙げて、それが将来の世界でどのような意味をもつかをメンバー間で共有します。

・通常60〜100個ほどの要因が考えられるはずです。

・やがて「どこでもドアができる」といったような、あまりにもできない要因が挙げられると要因は出尽くしたと考える。

・例えば、下記のようになります。

第13章　未来シナリオからの発明発想法

- ➤ ロシアと中国が崩壊し５つの共和国に分かれる。
- ➤ 韓国は北朝鮮とともに中国に併合される。
- ➤ 高齢者の恋愛サービス会社が盛況となる。
- ➤ 吸えば吸うほど健康になるタバコが人気となる。
- ➤ 光合成の組織が組み込まれて日光で生きるマウスができる。
- ➤ 持つことよりシェアするライフスタイルがかなり進む。
- ➤ 余暇の時間がコミュニケーションに消費され過ぎになる。
- ➤ 目の前にいる人と直接会話できないで端末でしかコミュニケーションできない端末依存症候群が増える。
- ➤ 日本の電機メーカーの統合が進み３社だけとなる。
- ➤ チャットGPTによって人間の考える力が退化する。
- ➤ AIがさらに進化して、人間はAIに支配される。
  どこでもドアができるというような出来ない発言がでたら終了です。

実際の記入例の図が次の図66の実際の記入例になります。

【図66】 実際の記入例

チーム名	悩めるゴリラ
テーマ名	

要因抽出	例：

①中国が崩壊し５つの共和国に分かれる。
②韓国は北朝鮮とともに中国に併合される。
③高齢者の恋愛サービス会社が盛況となる。
④吸えば吸うほど健康になるタバコが人気となる。
⑤光合成の組織が組み込まれ、日光で生きるマウスができる。
⑥持つことよりシェアするライフスタイルがかなり進む
⑦余暇の時間がコミュニケーションに消費されすぎとなる。
⑧目の前にいるのに直接会話できない端末症候群が増える。
⑨日本の電機メーカーの統合が進み３社だけとなる。
⑩知的財産戦争が苛烈になる。
・・・
「どこでもドア」ができる

手順 03　重要度が高く、かつ不確実な要因を選択する。

・未来シナリオのテーマに影響を与える自明な要因とは。

　　➤　テーマや将来の事業へのインパクトが大きい。

　　➤　それが起きるかどうかの不確実性が高いものになる。

・抽出した要因を図 67 のような表を使って 4 つに分類します。

・縦軸に事業へのインパクト（重要性）、横軸に不確実性を取ります。

・右上は、「事業へのインパクトが大きいもの」かつ「不確実性も大きいもの」である「◎重要な検討対象となる項目」の領域です。この領域は、事業的に非常に影響力があるのですが現在では実現できない要因です。ただ、斬新な技術の進歩により実現できるかもしれない可能性を秘めたものです。例えば、今まで人間しかできなかった作曲や絵画などの創作活動を生成 AI 技術が実現しつつあるようなものです。

・左上は、「事業へのインパクトが大きいもの」かつ「不確実性が小さいもの」である「○前提となる項目」の領域です。事業的に非常に影響力があり、現在では技術的にある程度が実現可能とみられる要因です。例えば、コンクリート構造物は、現在も工場で型によって部品を作って、現場で組み立てる方式が主流です。最近の技術では、コンクリートを直接噴射して建設する３Ｄプリンター工法が実用化しております。

・右下は、「事業へのインパクトが小さいもの」かつ「不確実性が大きいもの」である「△モニタリングする項目」の領域です。事業的に影響力が無く、技術的にも何か進展があれば程度とみられる要因です。積極的に関与せずモニタリングする程度のものです。

・左下は、「事業へのインパクトが小さいもの」かつ「不確実性が小さいもの」である「× 重要ではない項目」の領域です。事業的に影響力が無く、技術的にも枯れている要因です。無視して良い程度のものです。

第 13 章　未来シナリオからの発明発想法

【図 67】　４つの分類

		少	大
事業へのインパクト（重要性）	大	前提条件となる項目 ○	重要な検討対象となる項目 ◎
	少	重要でない項目	モニタリングする項目 △
		少	大

不確実性

・要因抽出時に、重要性や不確実性の共通認識をとっておくと分類作業が楽になります。実際に図 67 に要因を記入すると図 68 重要性や不確実性の共通認識のようになります。

【図 68】　重要性や不確実性の共通認識

事業へのインパクト（重要性）	大	前提条件となる項目 ○	重要な検討対象となる項目 ◎
	少	重要でない項目 「端末症候群が増える」	モニタリングする項目 △
		少	大

不確実性

145

手順 04　選択した要因をグループ化する。

・手順 03 で「重要度が高く、かつ不確実性が高い」に分類された要因の中から、最も重要な要因は何かを選択します。

・未来の事は人によって捕らえ方が異なる場合が多いので、グループメンバー全員で投票を行います。

・要因の数に応じ、一人当たりの投票数を決めて多くの得票を得た要因を数個選択します。

・この時、これらの要因に関連する要因をまとめてグループ化する作業を行います。

　選択した要因のグループ化の実際の記入例が次の図 69 の選択した要因のグループ化の記入例になります。

【図 69】 選択した要因をグループ化の記入例

	内　　容	投票点	投票	A氏	B氏	C氏	D氏
1	視覚インターフェースから全五感インターフェースが主流になる	21	5	5	5		4
2	「使える」情報端末から「察する」情報端末になる	16	4				
3	「便利」はあたりまえ「心地よさ」「美しさ」「自然さ」が重要になる	13	4			3	
4	車はネットに接続しないと動かなくなる	12.5	5				3
5	コンピュータの入力デバイスが変わる、キーボードなしになる	12	5	3		2	3
6	心を理解する技術が実用化される	10.5	4				4
7	ネットワークは全て無料に	10.5	4			3	2
8	リアルプレゼンステクノロジーがTVの基本機能になる	10	4				3
9	人間型のロボットが実用化される	10	2	5	5		
10	新エネルギー源が開発される	10	2	5	5		
11	米政府がGPS民間サービスをやめる	9.5	4			5	2
12	五感の伝送技術が確立する	9	3			5	
13	自動車、飛行機、電車の自動運転が可能になる	9	3	4			
14	個人の記憶が視覚化される技術が実用化される	8.5	4			2	
15	ユーザーの快適指数を測るセンサーが出現	8	4				
16	情報社会からキュービタル社会へ（ネットとリアルの実感）	8	4				
17	趣味が中心の社会になる	8	3				
18	REALとNETの接点となるところ、オフ会、店が一般的になる	7.5	2				
19	現実の全てに電子タグが付き、そのタグを手がかりに情報を取り出すようになる（電子タグ法）	7	4	2			

手順 05　グループ化した要因から、対称的な軸を考え出します。

・最初に図 70 のようにキーファクターグループが持つ意味を考察します。グループの意味を考えるときに大事なのは、一段上の階層で考えることです。

第13章 未来シナリオからの発明発想法

　実際の記入例が次の図70のキーファクターグループが持つ意味の考察になります。

【図70】 キーファクターグループが持つ意味を考察する

	グループの意味	中心になるファクター
A	身体・体験	視覚インターフェイスから全五感インターフェイスが主流になる
B	ライフスタイル価値の変化	「便利」はあたりまえ「心地よさ」「美しさ」「自然さ」が重要になる
C	全てネットで	車はネットに接続しないと動かない
D	リアルとバーチャルの差が無くなる	リアルプレゼンステクノロジがTVの基本機能になる
E	知的端末化	「使える」情報端末から「察する」情報端末になる
F	ビジネスモデルの変化	ネットワークは無料になる

・次に図71のようにグループの本質を表す名称を定義します。ラベルとキーファクターの関係図を作り視覚化してグループの合意形成を図ります。

実際の記入例が次の図71のグループの本質を表すになります。

【図71】 グループの本質を表す名称を定義する

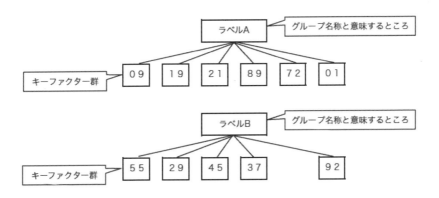

・合意形成が出来たら図72のように要因のグループ化の表を作成し整理します。

実際の記入例が次の72要因のグループ化になります。

【図72】 要因のグループ化の表

グループ名称	キーファクター	
システム開放性		
経済の勝利者		
顧客の価値基準		
特許政策		

・整理が終わったら、グループ化した要因から対称的な軸の考察作業に入ります。
・グループ化した要因を眺めて、そのグループでは「何と何が不確実で重要なのか」を議論して決めていきます。
・たとえば図73のように「情報の流通形態」という軸を設けます。そして「フローに進む」または「ストックに進む」のようにグループの相反する価値を定義し軸候補を抽出します。こうして出来上がったものが軸の候補になり、次の図73の軸の候補になります。

【図73】 軸の候補

・相反する価値を定義し軸候補の抽出が難しい場合があります。たとえば、図74のように「情報の流通形態がフローに進む」のがわかっているのなら「情報の流通形態」という軸を設けます。そして「急激に進む」または「漸進的に進む」のようにグループの相反する価値を定義し

第13章　未来シナリオからの発明発想法

軸候補を抽出します。こうして出来上がったものが軸の候補になります。それを図示したのが次の図74の2つの不確実な場合の対処になります。

【図74】　不確実な2つの場合の対処

+++ 不確実な2つの場合の対処 +++

A：2つの相反することのどちらに時代が進むのか不確実である。

B：起きるのは確実であるが、それが起きる速度が不確実である

・Aの場合は、そのグループの根幹にある不確実性を、2つの相反する言葉で表現します。

・Bの場合は、「漸進的に進む」⇔「急激に進む」のように時間的変化を言葉で表現します。

例　漸新的に進む ◄―――――► 急激に進む
　　　　　　　　情報の流通形態

実際の例が次の図75の実施例1と図76の実施例2になります。

【図75】　実施例1

A	音・映像中心に発展	←	人とメディアの関係	→	マルチモーダル的に発展
B	実用的な豊かさ重視	←	生活的価値	→	精神的豊かさ重視
C	秩序	←	ネットワークの進展	→	自由
D	ファクチャル・リアリティ	←	体験の価値	→	バーチャル・リアリティ
E	パートナーになる	←	知能化の方向	→	ツールになる
F	クローズド	←	ネットワークビジネスの構造	→	オープン

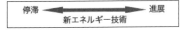

149

【図76】 実施例2

```
重要かつ不確実な要因      例：

①システムの開放性    （クローズド⇔オープン）
②顧客の価値基準     （バーチャル⇔リアル）
③経済の勝利者      （先進国⇔新興国）
④特許政策        （プロパテント⇔アンチパテント）
```

要因軸

停滞 ←―― 軸の名称 ――→ 進展

手順06　2軸の組み合わせを考えます。

・抽出した数個の軸の候補の中から2つを選択し、世界観が広がるかどうかを考えます。それには、図77のように色々と軸の候補の組み合わせを変えてみてみます。
・ポイントは2つあります。
  ➢ 選択した2つの軸は、排他的である事です。
    →互いに関係性があると4つの世界観が狭くなります。
    →軸が重複したり、直行しないことが起こります。
  ➢ 選択した2つの軸は、同じ階層である事です。
    →違う階層だと「ねじれの関係（立体交差）」となります。そうなると同一平面での分析ができなくなります。

軸の組み合わせは次の図77の2軸の組み合わせのようになります。

【図77】 2軸の組み合わせ

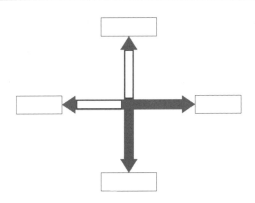

手順07　4つのシナリオ（世界観）を考えていきます。
・最初に2つの軸を決めて4つの世界観を深掘りします。
・次に3つの作業をすることで世界観を固めていきます。
  ➤ 各シナリオにタイトルを付け世界観をまとめます。
  ➤ 各シナリオを文章で表現します。
  ➤ 将来の新聞記事の見出しを作成します。

図78は、軸の組み合わせの実施例です

【図78】 軸の組み合わせ実施例

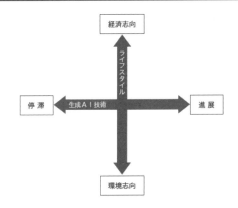

（出典：旧新日本石油株式会社 ホームページ）

151

世界観の考察の図が次の図79になります。

【図79】 世界観の考察

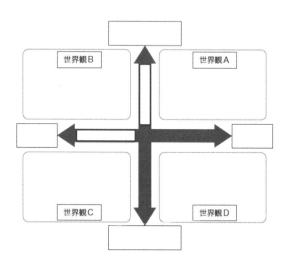

- 将来の新聞記事の見出しを作ります。作ろうとしている世界が2〜3年後の世界を想定しているならそのまま作ります。ただ、多くの人は、いきなり10年後を考えても想像できないので2〜3年後から世の中がどうなるのかを考えていくことにします。
- ポイントは2つあります。
- 2つの軸で形作られる世界を思いっきり頭の中で膨らませて、現在の年→2〜3年後→5年後→10年後にどんなことが起きるのか考えてみます。
- このとき、新聞記事の見出しを作ることが有効な作業になります。

シナリオの展開を示した図が次の図80になります。

第 13 章　未来シナリオからの発明発想法

【図80】　シナリオの展開

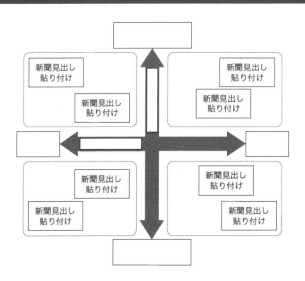

世界観の考えた実施例を説明した図が次の図81になります。

【図81】　世界観を考えた実施例

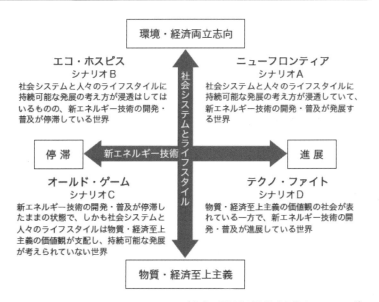

（出典：新日本石油株式会社 ホームページ）

シナリオA

【ニュー・フロンティア】

　この未来世界では、社会システムとひとびとのライフスタイルに持続可能
な発展の考え方が浸透している、しかも新エネルギー技術の開発・普及が進
展する世界です

　国民意識と社会システムの両方に、環境と経済の両立を目指したサステナ
ビリティの考え方が浸透しています。新エネルギーの技術開発や投資が進展
し、新技術は実生活の中にも普及しています。環境規制は十分に整備され、
環境意識の高さと相まって、日本では循環型社会が形成されているでしょう。
燃料電池は先進国の一般家庭電源や自動車に利用されているだけでなく、途
上国にも技術移転が進んでいます。先進国と途上国の生活レベルの差が縮ま
り、より少ない環境負荷で、より多くの人が、精神的に豊かな生活を享受で
きる社会が実現されます。これまでの大量消費型の社会とは異なった、新た
な地平が広がっています。

　サステナビリティ：持続可能性

シナリオB

【エコ・ホスピス】

　この未来世界では、社会システムと人々のライフスタイルに持続可能な発
展の考え方が浸透してはいるものの、新エネルギー技術の開発・普及が停滞
している世界です。

　政府・企業・国民とも環境意識が高まっています。環境規制も厳しく、日
本では循環型社会が形成されているでしょう。しかし、新エネルギーの技術
開発は遅れており、リサイクル技術が普及するに留まっています。石油が天
然ガスにシフトしていますが、主要エネルギーは化石燃料です。地球温暖化
の進行は緩やかになり、国家間の争いも減っているのですが、やや閉鎖的な、
活気の少ない社会です。いずれ限界に達するという閉塞感が、社会全体を覆っ
ています。

第 13 章　未来シナリオからの発明発想法

シナリオC
【オールド・ゲーム】
　この未来世界では、新エネルギー技術の開発・普及が停滞したままの状態で、しかも社会システムと人々のライフスタイルは物質・経済至上主義の価値観が支配し、持続可能な発展の考えかたが取り入れられていない世界です。
　経済最優先で、古いエネルギーに依存した世界です。政府・企業ともに既得権益の拡大に夢中で、大量消費型社会が続きます。衰退してしまった日本経済に代わり、中国やインドは目覚しい経済発展を遂げ、主要エネルギーを化石燃料に依存したまま、エネルギー消費は増大の一途をたどります。地球温暖化はますます進行し、誰もが自分だけは勝ち残ろうと激しい競争を続けますが、結局は地球全体が破滅に向かう速度が加速する結果となってしまっています。

シナリオD
【テクノファイト】
　この未来世界では、物質・経済至上主義の価値観の社会が現れている一方、新エネルギー技術の開発・普及が進展している世界です。
　物質・経済至上主義が卓越し、個人も企業も自分の利益だけを追及する激しい競争社会です。環境規制が強化されることもなく、大量消費型社会が続きます。厳しい競争は技術の進展をもたらしますが、進展した新エネルギーの技術は先進国の一部で使われるだけです。中進国を中心にエネルギー需要が増大するため、結局、地球全体では化石燃料の消費量が伸びてしまいます。富める者と貧しい者の格差は急速に拡大し、世界中が地球の物理的限界に加速度を増して近づきます。心の休まることのない社会といえます。

　手順08　各シナリオの兆候を見つける。
・各シナリオの兆候を見つけていきます。日々のテレビや新聞のニュースやインターネット情報などから、作成したシナリオの世界観にマッチするものがあれば、世界観に重ねて表現していきます。こうすることで、今まで均等に不確実性が高かった4つの世界のバランスが変化していきます。つまり世の中が4つの世界のどの方向に進もうとしているのか、将来の予兆を知ることが出来きます。

155

- ポイントは２つあります。①予兆は小さく顕在化しているのを見逃さない。②見えない所の潜在ニーズ（顧客も気が付かない）がある。です。

シナリオ兆候の展開を説明した図が次の図82になります。

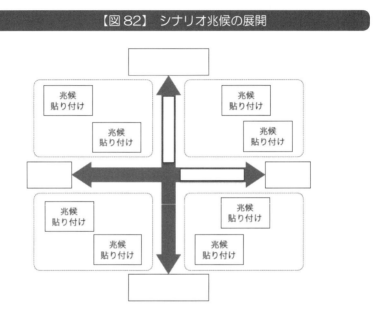

【図82】 シナリオ兆候の展開

手順09　競合他社の動向をマップ上にプロットします。
- 世の中が進んでいきそうな方向をイメージできたところで、今度は競合の動きをシナリオに重ねます。
- 競合には、同業他社だけではなく代替品生産メーカーや新規参入の可能性がある企業などもチェックします。
- 自社の事業や研究戦略にとって脅威と思われる企業についてイメージを膨らませて考えます。
- ポイントは１つです。競合は同一業界ではなく、少しでも隙があると異業種から参入してくることです。

競合他社動向の展開を説明した図が次の図83になります。

第 13 章　未来シナリオからの発明発想法

【図 83】　競合他社動向の展開

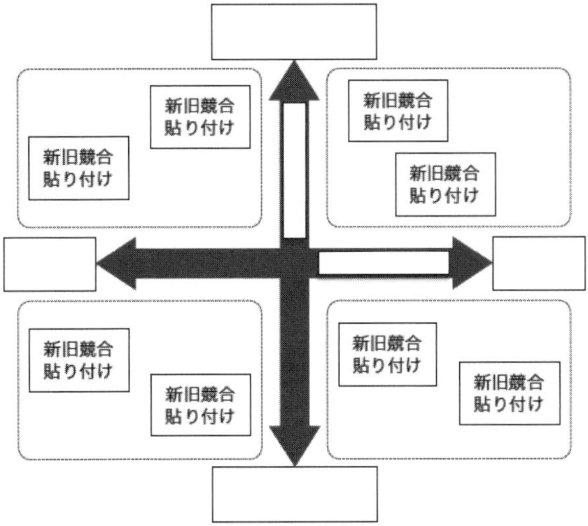

手順 10　各 4 つの象限の世界において自社がやれることを考えます。

・競合他社の動きのイメージができたら自社の戦略を考えます。それぞれ
　の世界に向かっていくことがわかっていると仮定した場合に自社の行動
　にはどのようなものがあるか列挙してみます。こうしたオプションを各
　4 つの象限の世界において一つ一つについて考えていきます。

・ポイントは 3 つあります。①どのような研究戦略と知財戦略を進めてい
　けば良いのか。②組織体制をどうして行ったら良いのか（特に企画部門
　と研究部門と知財部門）。③社会に対してどのような働きかけをしていっ
　たら良いのか。

得られる示唆の展開を説明した図が次の図 84 になります。

157

【図 84】 得られる示唆の展開

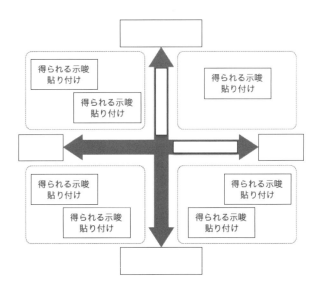

手順 11　いずれにせよ、やらねばならぬことを考えます。
・どの世界に行っても共通してやる必要があることはないかを考えます。そして、それをシナリオの中心に記述します。
・ポイントは 2 つあります。
・いずれの各 4 つの象限の世界にシナリオが進んでも準備しておかなければならない事を抽出します。
・ただ陥りやすいのは世の中で必要だけれど、自社では不得意なものを選定してしまう事があります。たとえば、ハードは強いけれど、ソフトが弱いのに IT は絶対やらなくてはならないことがあるとします。その場合には、ソフト開発のアウトソーシングなどを行って、自社の研究開発時間の短縮をしつつ、自社の強い分野にリソースを向ける考え方もあります。また、共同開発する手もあります。

すべきこと（戦略）の展開の図が次の図 85 になります。

【図85】 すべきこと（戦略）

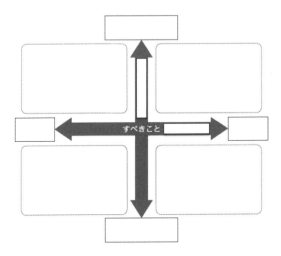

手順12　戦略の方向性を決めます（研究戦略と知財戦略と事業戦略）。

・戦略の方向性を決めるには、自社が取り得る行動の「各象限において自社がやれること」と「いずれにせよ、やらなければいけないこと」の順位付けを行います。

・「いつ誰に何をどのように提供していくか」をどの様な順番で展開していくのか具体的に考えます。

・それにより、限りある経営資源をどのような順序で展開していくのかが戦略の方向性になります。

・ポイントは1つです。マイルストーン（チェックポイント）を設けた計画を作る点です。

取るべき戦略の展開の図が次の図86になります。

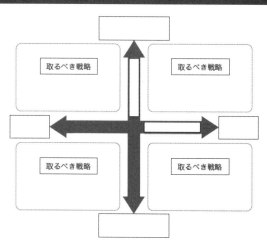

7．未来シナリオの実施例

①音楽と人間の未来シナリオ

　これは、2007年に行った未来シナリオ作成の結果です。ただ、この結果を具体的な商品像の提案に落とし込む前にプロジェクトが中止となってしまいました。ご参考として提示します。

軸の組み合わせ例の図が次の図87になります。

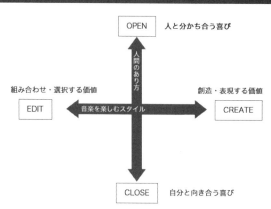

・「音楽と人間の未来シナリオ」が、人と音楽のかかわり方で、5年後
　10年後にどんなビジネスが起こりえるのか、その想定とリスクを探っ
　たものです。
・横軸に「音楽を楽しむスタイル」とし縦軸に「人間のあり方」をセット
　いたしました。
・「音楽を楽しむスタイル」は、音楽を聴くには好きなアーティストや
　曲を組み合わせたり選択したり自由な聞く楽しみがあると考え左側に
　「EDIT：組み合わせ・選択する価値」、また作曲をしたり演奏する楽し
　みがあると考え「CREATE：創造・表現する価値」としています。
・「人間のあり方」は、人々とコンサートなどで共感することがあると考
　えて上側に「OPEN：人と分かち合う喜び」、またじっくり一人で曲を
　聴く「CLOSE：自分と向き合う喜び」を下側に配置しています。

世界観を考えた例の図が次の図88になります。

【図88】 世界観を考えた例

環境・経済両立志向

共感（きょうかん）
感動のDOME
細分化された顧客が集い、時間を共有し
同じ感動を分かち楽しんでいる世界

共演（きょうえん）
感性のビッグバン
偶発的に生まれる作品や創作過程、それ
を通じたコミュニケーションを楽しんで
いる世界

停滞 ← 音楽を楽しむスタイル → 進展

人間のあり方

自感（じかん）
知性のCOCOON
各人がある特定の事柄に特化した情報を
求め、自分自身に浸り楽しんでいる世界

自演（じえん）
エゴのマグマ
各人の創作意欲を日々の生活の中で埋没
させることなく、形に残し、発表し楽し
んでいる世界

物質・経済至上主義

・2軸で表される4象限を考えて行きます。
・右上の世界は「OPEN×CREATE」の世界です。「偶発的に生まれる作品
　や創作過程、それを通じたコミュニケーションを楽しんでいる世界」で
　「共演：感性のビッグバン」。

- 左上の世界は「OPEN×EDIT」の世界です。「細分化された顧客が集い、時間を共有し同じ感動を分かち楽しんでいる世界」で「共感：感動のDOME」。
- 左下の世界は「CLOSE×EDIT」の世界です。「各人がある特定の事柄に特化した情報を求め、自分自身に浸り楽しんでいる世界」で「自感：知性のCOCOON」。
- 右上の世界は「CLOSE×CREATE」の世界です。「各人の創作意欲を日々の生活の中で埋没させることなく、形に残し、発表し楽しんでいる世界」で「自演：エゴのマグマ」。
- このように世界観をできるだけ抽象的であるけれどわかり易い言葉を探したり、言葉を作ったりします。メンバーでよく議論をして合意掲載ができるまで行います。

②顧客価値と知能化の未来シナリオ

　これも、今から2007年に行った未来シナリオ作成の結果です。 これで出てきた以下の4つの世界を構築し、その未来シナリオの基礎研究提案まで持っていきました。具体的には後ほど説明します。

軸の名称と意味を考えた例の図が次の図89になります。

【図89】 軸の名称と意味

■縦軸のポイント：
「人とのかかわり方」で分ける軸
◇意外性 ：意外である嬉さ，飽きない
　　　⇒ プロセス次第で結果が変わる
　　　　場合もある
◇適確性 ：意図した通りに結果を出す

意外性 Serendipity
知能化の方向
縦　軸

顧客価値の源泉
現実性 Actuality
創像性
Imaginability
横　軸

適確性 Certainty

■横軸のポイント：
「何に価値が置かれるか」で分ける軸
◇現実性 ： 現実空間、モノ、実体
◇創像性 ： 人の想像力、創造力、
　　　　　　仮想空間、集合知

・「顧客価値と知能化の未来シナリオ」は、イーロン・マスク氏をはじめとした実業家達が出資している人工知能の研究開発機関「OpenAI」により開発されたChatGPTのように知能化と顧客の価値との関係で、5年後10年後にどんなビジネスが起こりえるのか、その想定とリスクを探ったものです。

・縦軸に配置し、「知能化の方向」とし横軸に「顧客価値の源泉」を配置しています。

・「知能化の方向」は、AIが学習以外の意外な答えを出したりして、疑似生命体化の方向があると考え上側に「意外性：Serendipity」、また超微細加工をする機械などの方向性もあると考え下側に「適確性：Certainty」としています。

・縦軸のポイントは、「人とのかかわり方」で分ける軸です。意外性は、「意外である嬉しさ」「飽きない」プロセス次第で結果が変わる場合もあることを重視しています。適確性は、意図した通りに結果を出すことを重視しています。

・横軸のポイントは、「顧客価値の源泉」で分ける軸です。顧客がより現実的なものに価値を見出す方向があるので左側に「現実性：Actuality」、また顧客がより創造的なものに価値を見出す方向があるので右側に「創造性：Imaginability」としています。

　横軸のポイントは「何に価値が置かれるか」で分ける軸です。現実性は、「現実空間」「モノ」「実体」を重視しています。創像性は、「人の想像力」「創造力」「仮想空間」「集合知」を重視しています。

名称とその特徴の例の図が次の図90になります。

【図90】 名称とその特徴		

「モノダチ」の世界
モノとユーザーが共生する世界

・ユーザーとの関わりの中で成長、変化するモノ
・モノとの精神的インタラクションの追求
・購入前後のサービスも含めた価値が商品

意能化の方向
意外性 Serendipity

「みんな主人公.com」の世界
楽しさ、豊かさを皆で共創する世界

・現実と異なる世界の構築（「設定」「見立て」）
・認知的リアリティ（らしさ）の追求
・コンテンツの加工、編集、創作、素材化

顧客価値の源泉
現実性 Actuality

創像性
Imaginability

適確性 Certanty

「ハイパー三種の神器」の世界
現実空間の快適さを提供する世界

・機能や性能、及び効率の重視
・物理的障害の解決や、利便性の追求
・身体感覚の拡張（不便だった事が可能に）

「道oo具le2.0」の世界
想像空間を使って最適な解を提供する世界

・知的認知的困難の解決（理解の支援）
・知的感覚の拡張（情報の編集、可視化）
・情報を使って現実世界を再構成する

・まず、2軸で表される4象限を考えます。

・右上の世界は意外性：Serendipity×創像性：Imaginability」の世界を表します。「現実と異なる世界の構築（「設定」「見立て」）を行い、認知的リアリティ（らしさ）の追求することにより、コンテンツの加工、編集、創作、素材化を重視する世界」で「みんな主人公.com：楽しさ、豊かさを皆で共創する世界」です。

・左上の世界は「意外性：Serendipity×現実性：Actuality」を表す世界です。「ユーザーとの関わりの中で成長、変化するモノで、モノとの精神的インタラクションを追求し、購入前後のサービスも含めた価値が商品そのものの世界」で「モノダチ：モノとユーザーが共生する世界」です。

・左下の世界は「適確性：Certainty×現実性：Actuality」を表す世界です。「機能や性能，及び効率の重視し、物理的障害の解決や、利便性の追求をするために身体感覚の拡張（不便だった事が可能に）する世界」で「ハイパー三種の神器：現実空間の快適さを提供する世界」です。

・右下の世界は「適確性：Certainty×創像性：Imaginability」を表す世界です。「知的認知的困難の解決（理解の支援）するために知的感覚の拡張（情報の編集、可視化）情報を使って現実世界を再構成する世界」で「道oo具le2.0（Googleの道具版）：想像空間を使って最適な解を

提供する世界」です。

キーワード例の図が次の図91になります。

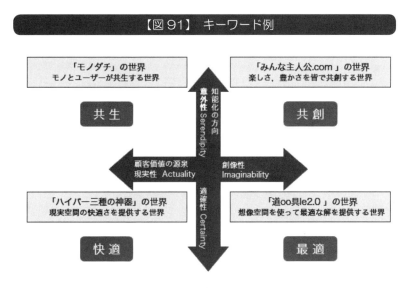

・4象限を端的に表現する言葉を考えます。言葉が無いようでしたら造語でもかまいません。
・4象限を「共創」「共生」「快適」「最適」とします。

次に、各世界のビジネスの特長例の図が図92になります。

【図92】 各世界のビジネス特徴例

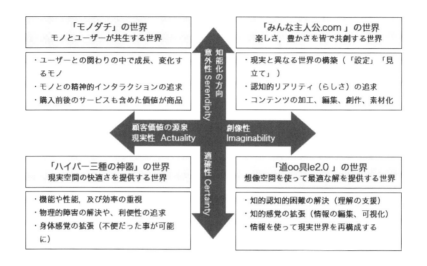

① 4象限ではこれからどの様なビジネスが生まれそうなのかを考えます。

②「みんな主人公.com」の世界は、場の提供をはじめ、ツールやシステムの提供および超インタラクティブなコンテンツを提供するビジネスです。

「みんな主人公.com：楽しさ、豊かさを皆で共創する世界」

企画コンセプト：バーチャルシアターステージ
> 五感通信とVR（仮想現実）により、あたかも映画のヒーローを体験するシステム。これにより、現在のメタバースを想定した研究テーマを提案しました。

例1：
　映画鑑賞するから映画に自分が入り込む体験ができるシステム。具体的には、3Dゴーグルを装着して、仮想の映画の中に入り込み、その中の主人公として活躍するシステム。できれば、個人でなく仲間と協力

して苦難を乗り越える。家庭空間でもできるコンパクトシステムです。

例２：
　仮想ビートルズにジョン・レノンの代わりに VR（仮想現実）でギター
参加して、いつの間にか現実のギター演奏が上達してしまうシステムで
す。

②「モノダチ」の世界は、売り切りではなく個性や性格を売るが、メーカー
　の哲学やポリシーを重要にし、大切にするビジネスです。

　「モノダチ：モノとユーザーが共生する世界」

企画コンセプト：ハートチップ（アクセサリー型 AI チップ）
➤　基本的に人が持っているモノにハートとして乗り移ってモノとユー
　　ザーが共生することを想定した研究テーマを提案しました。

例１：
　ペンダント型の AI チップで、現在の携帯以上のセンサーを持ち、演
算はクラウドで処理をする。このチップは、愛車（例えばスマートカー）
のような知的処理をできるものと通信して、あたかもその愛車に乗り
移って運転者と会話を行います。当然、完全自動運転です。

例２：
　同じくペンダント型の AI チップが、あたかもどこでも一緒の愛用の
ぬいぐるみ（小さいペット型ロボット）に乗り移って、自然会話はもち
ろん身辺のセキュリティおよび困ったときのファシリテーションをク
ラウドクラウド処理で行います。

③「ハイパー三種の神器」の世界は、コモディティ化に対応し、トータル
　ソリューションを考えた商品開発で、コモディティ化の中のニッチビジ
　ネスで勝負するビジネスです。

「ハイパー三種の神器：現実空間の快適さを提供する世界」

企画コンセプト：同時遠隔コミュニケーション（遅延なき感動の共有）

➢ 時空を超えた人々が遅延なき感動を共有することを想定した研究テーマを提案しました。今でいう５Ｇです。5G は 2020 年に国際電気通信連合（ITU）が定める規定「IMT-2020 を満足する無線通信システムなので、我々の研究コンセプトは 13 年程度早かったです。

例 1：

札幌のＡさんと東京のＢさんと博多のＣさんが同一のサッカーの試合を 3D で見て、遅延なき感動を共有します。

④「道 oo 具 le2.0（Google の道具版）」の世界は、情報を集め、整理活用し、ユーザーに合わせた情報の収集と提供をしつつ、ビジネス構造の変化に対応するビジネスです。

・「道 oo 具 le2.0（Google の道具版）：想像空間を使って最適な解を提供する世界」

企画コンセプト：ソーシャルナビ（遅延なき感動の共有）

➢ 2007 年には無かった、いわゆる AR（Augmented Realty）メガネを想定した研究テーマを提案しました。

➢ 同様のコンセプトの「Google Glass」は、2013 年 2 月に発売ですので、我々の研究コンセプトは 6 年程度早かったです。

例 1：

AR メガネをした新車が欲しいＡさんとＢさんが街行く気になる車を見ると、その仕様やバリエーションが瞬時で説明画像が実物に投影して見える。

例2：

　同窓会であった仲間の風貌が全く変わってしまい、誰だかわからない。この AR メガネをすると卒業写真データタグと連動して、昔と今をメガネに映し出すシステムでと思い出を共有します。

　このように 2007 年に未来シナリオからの発想法を行った結果が、今から見ると先駆なコンセプトであることがわかります。あまりにも先行しすぎて経営陣に理解されないため研究予算が少なく立ち消えとなりました。

　各世界のプレーヤーの例が次の図 93 になります。

【図 93】　各世界のプレーヤー

「モノダチ」の世界 モノとユーザーが共生する世界	「みんな主人公.com」の世界 楽しさ、豊かさを皆で共創する世界
APPLE　おもちゃ業界　ロボット業界の自動車業界　SONY　高齢者サポート業界吉本興業（「キャラ」「人間味」に関するノウハウ）	ベンチャー　日東電工（デバイス）　NTTゲーム機メーカー　アミューズメントパークのオペレータ（任天堂、セガ、タイト―SONY）映画業界　おもちゃ業界　サービス業（メイド喫茶）コンテンツ的知識や編集技術のある企業
「ハイパー三種の神器」の世界 現実空間の快適さを提供する世界	「道oo具le2.0」の世界 想像空間を使って最適な解を提供する世界
サムソン、パナソニック、電機業界全て、自動車業界、PCメーカー、MS・インテル	Google　amazon　Yahoo　MSNTSUTAYA　GEO　Gyao　NTT　音楽業界、映画業界、アクトビラ

縦軸：知能化の方向　意外性 Serendipity（上）／適確性 Certainty（下）
横軸：顧客価値の源泉　現実性 Actuality（左）／創像性 Imaginability（右）

・4象限では、最もこれらのビジネスをやりそうな企業を列挙してみました。
・みんな主人公.com の世界は、ベンチャー、日東電工（デバイス）、NTT、ゲーム機メーカー、アミューズメントパークのオペレータ（任天堂、セガ、タイトー、SONY）、映画業界、おもちゃ業界、サービス業（メイド喫茶）、コンテンツ的知識や編集技術のある企業。

・モノダチの世界は、APPLE、おもちゃ業界、ロボット業界の自動車業界、SONY、高齢者サポート業界、吉本興業（「キャラ」「人間味」に関するノウハウ）。

・ハイパー三種の神器の世界は、サムソン、パナソニック、電機業界全て、自動車業界、PCメーカー、マイクロソフト、インテル。

・道oo具le2.0（Googleの道具版）は、GOOGLE、AMAZON、YAHOO、音楽業界、映画業界。

未来シナリオと技術要素との関係図が次の図94になります。

【図94】 未来シナリオと技術要素との関係

（コア研究テーマの技術要素分解）

夢と理想　　未来シナリオ A　　　　　　　未来シナリオ B

技術要素分解　　　　　　社会的意義

技術要素 A　技術要素 B　技術要素 C　技術要素 D　技術要素 E

今ある技術の改良レベル　　未来に使える共通コア技術　　技術ロードマップで見えているレベル

知的財産部門による権利化がすべての成果を支える

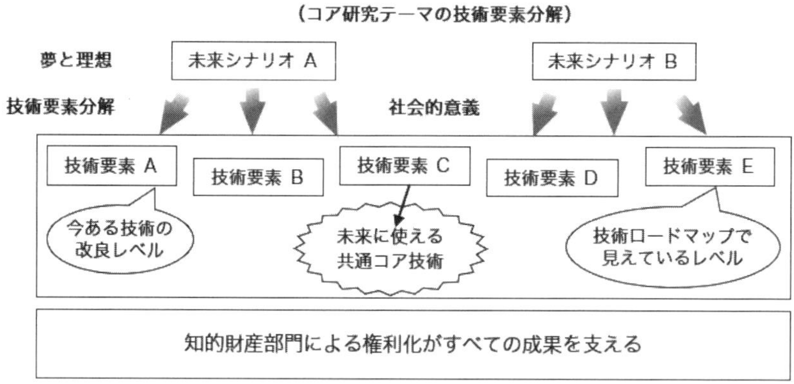

・これまで作成した未来シナリオを現実化するために、技術要素分解と社会的意義を考える作業に入ります。

・未来シナリオAは、知能化の方向が意外性なもので、過去のビッグデータと人間のやり取りの特徴量を抽出したAI技術を活用したCatGPによるお友達ロボットと共存する世界です。

・未来シナリオBは、知能化の方向が的確性なもので、量子コンピュータで短時間正確無比なものを使いこなす世界です。

・現実化するために必要な技術要素を選んでいきます。様々な技術要素があります。たとえば、技術要素Aは、現在の技術の改良レベルなので未来シナリオを現実化するためには物足りない技術で、最技術要素Eは、すでにNEDOなどで示されている技術ロードマップで見えているレベルで、できればもう一歩先の研究テーマが欲しい。最技術要素Cは、黎明期の技術で、もしかしたら未来に使える共通コア技術かもしれない。そのとき知的財産部の先行技術のための特許検索が有効な手段です。

未来シナリオでの特許出願と拒絶の関係の図が次の図95になります。

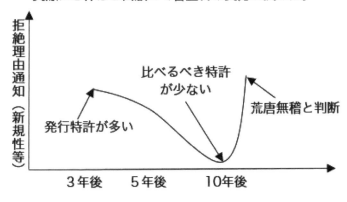

【図95】 未来シナリオでの特許出願と拒絶の関係

・特許庁審査官の拒絶傾向を調べたところ、3年後の商品化に向けた出願は、さすがに先行特許が多くて拒絶が多く、未来シナリオで考えついた出願は、新規性と進歩性が認められて登録になる場合が多い傾向でした。なぜなら、5年後の未来を踏まえて、さらに5年後を想定した出願となるため、引用文献が見当たらなく拒絶する理由がないようでした。

WhatとHowの「場の提供」の関係の図が次の図96になります。

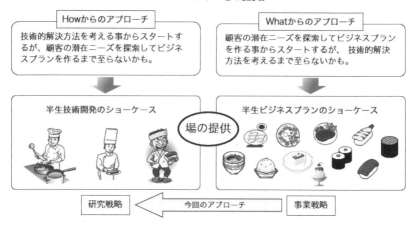

【図96】 WhatとHowの「場の提供」の関係

- 食の分野で考えると、Whatは、顧客が何を食べたいかがおぼろげながら仮説を立てるところまでの範囲になります。顧客の潜在ニーズを探索してビジネスプランを作る事からスタートするが、技術的解決方法を考えるまで至らないところまでです。例えば、パスタをオムライス風にしたオムパスタが良いかもといったところまでです。
- Howは、料理の作り方の技術の積み重ねを指します。技術的解決方法を考える事からスタートするが、顧客の潜在ニーズを探索してビジネスプランを作るまでには至らない範囲になります。
- この両者への場の提供として未来シナリオを活用するのも一つの方法です。

第 14 章
まとめ

第14章 まとめ

1．イノベーションは2つあり、2つは発想の構造が異なります。

・継続的イノベーションは、従来の技術の延長線上でのイノベーションであり、開発部門等の改良技術的な発想です。発想を効率よくする道具箱で18の視点を活用することです。例として木材に効率よく穴を開けるために超高速回転のモーターでかつ超合金のドリル刃の開発などです。

・破壊的イノベーションは、そもそも何が目的なのかという上位階層へのパラダイムシフトが必要です。そもそも木材に穴を開けるのが目的なので、ドリルでなくても構わないという発想です。超高圧の水を噴射し、その噴射の水自身を回転させて木材に穴を開けると考えるなどです。

2．顧客視点の価値観の徹底分析が必要です。

・顧客視点が大事であるとよく言われます。ただ、アンケートなどで顧客の意見を組んで開発した商品は、顧客満足商品です。顧客は、自分自身が満足することを一番知っていると勘違いしています。ところが、顧客の一番欲しいコトは、モノではありません。本当は何がしたいかを追求して商品化したものこそ、顧客感動商品となります。特に顧客が欲しいのに初めからあきらめているコトを達成できるモノを提供することです。ニーズ思考でなくてウォンツ思考を徹底的に掘り下げることです。

3．多視点で見る癖をつける習慣が大事です（アイデアノートを付けるとか）。

・ウォンツ思考で見つけたもの「What?」を18の視点による「How?」で解決する習慣が必要です。そのためには普段より「なるほど、その手があったか」と思われることがあったら、すぐに忘れないうちに紙切れでも何でもメモを取る習慣が大事です。

第 14 章　まとめ

4．様々な職種や役職、性別関係なく構成されたグループでの相乗効果は大きなものになります。

・グループでのアイデア出しは、それぞれの人の知識や経験値や価値観による多視点の融合となります。できるだけ多彩な人を集めるのが良いでしょう。

5．常に深層心理で問題意識継続することが大事です。

・特にお勧めなのは、図 46 と図 47 の破壊的イノベーション創出ピラミッドを活用することです。そもそも顧客のウォンツは何かを探る上でも、上位階層のピラミッドの頂点に登ることが非常に大事です。「Why?」を繰り返して「「What?」まで上り詰めたら、今度はそれを達成する最適な手段「How?」を活用することです。「How?」は、技術だけではありません。営業戦略など目に見えないものにも活用することができます。

6．「会社が永遠に存続する」は妄想です。

・一部上場企業だから大丈夫と思ったら、その時から簡単に退場となります。東芝、雪印、パイオニア等が当てはまります。会社は、常に新しく「EverNew」でないと茹でガエルで死に至ります。例えば、パイオニアが LD カラオケでカラオケ市場を席巻したとき、通信カラオケにすると売り上げが半減するので内部で企画をしても却下されて積極的な開発をしませんでした。市場リーダーは、市場の構造を自己破壊で変えていくことを行わないと破滅します。自社で破壊的イノベーションをやらないなら他社が破壊的イノベーションで市場原理（ビジネスモデル）を破壊して市場のルールを変えていきます。

7．技術革新は加速度的で破壊的です。

・技術革新は、破壊的イノベーションで、今までのルールや生活を一変させます。昨今話題の ChatGPT を代表とする AI の加速度的で破壊的な革新は、生活や価値観、職業も無くなる現象が起き始めています。

175

8．これからは How ではなく What です。

・以前に「知識経営」という言葉がありましたが、知識はクラウドでいくらでも得ることができます。知識の How の価値より、思考の What の価値が高くなっています。ただそれも AI に浸食されつつあります。そのようにならないために、AI の不得意領域である過去の蓄積による創出でない、全く新しい価値観の創出で勝負していくことです。そのために AI を道具としていかに活用するかが大事なポイントとなります。

9．未来シナリオは未来説明の複数ストーリーがあり、具体的事業提案作成ができます。

・実践的問題解決発想法は、答えが収束して出てきます。どちらかというとすでに問題があって正解を出す受験勉強のようです。それに対して未来シナリオからの発想法は、まず現状を客観的に観て気づきを出し、問題自身を作り上げる事から始めます。またその問題に対する答えが多岐に渡るため、1つではありません。ただ、そこに至る論理性が大事です。フェルミ推定などもこの部類の一部です。

※フェルミ推定：
普通では予想もつかないような数字を、論理的思考能力を頼りに推定することです。

Let's think の回答集

Let's think の回答集

◆ Let's think_ 身近なもの 1：割りばしの回答例

開発者のための発想道具箱【割りばしの使い方】

- ☆ 割りばしとして食べ物をつかむために使う
- ☆ 割りばしゴム鉄砲をつくる
- ☆ 模型の木の橋を作る
- ☆ 校倉造の模型を作る
- ☆ 先端を削って木のペンとして使う
- ☆ 指揮棒としてつかう
- ☆ 蒸し焼きにして木炭として使う
- ☆ すべて削っておがくずにして火をつけるときの口火として使う
- ☆ おがくずにして日本酒をくぐらせて杉の香りが付いた升酒完成
- ☆ 単純に漆を塗って塗箸を作る
- ☆ たくさん集めて正方形に削りどっとインパクトプリンターの針にする
- ☆ 先をほぐして油絵の絵筆として使う
- ☆ 割れているところに布を挟んでワイパーとして使う
- ☆ アイスキャンディーの棒
- ☆ 杏飴の棒
- ☆ 砕いて繊維にして紙をつくる
- ☆ 砕いて繊維にして糊で固めて板を作る
- ☆ 割れているところに紙をはさんで団扇を作る
- ☆ 糸をつけて金魚やメダカ用の釣竿
- ☆ 穴をあけて首から下げてアクセサリー
- ☆ 割った後で片方を短くして片方をそのままにして時計の針として使う
- ☆ 寄木造りとして使う
- ☆ たくさん集めてアルコール抽出して杉の香りエッセンスをつくる
- ☆ 数本集めて傘の骨として使う

☆ センスの骨として使う

☆ 割れているところに輪ゴムをはさんで楽器として使う

☆ 天秤の棒として使う

☆ どんぶりをたたいて音を出す

☆ 普通の箸の汚れる部分だけ交換して使えるようにするパーツ

☆ ２つに折ると子供用の箸が２膳できる

☆ 割れている先端部分をＶ字に削って割れやすくする

☆ 頭の部分を折易くしておき、折った部分が箸置きとなる

☆ 割ると非対称になる事もあるので折り目にＶ字カットを入れておく

☆ 割れている部分をある程度開いて閉じてパチン音で楽器

☆ 物をはさんで洗濯バサミ

☆ セルロース分を加水分解してバイオ燃料を作る

☆ 糸で結んですだれを作る

☆ 単に積み木として使う

☆ 燃やして炭にして肥料

☆ 割りばしの割れ方で占いをする

☆ 割りばしのところにおみくじを挟んで蕎麦を食べるときのおたのしみ

☆ 割りばしのところにくじを仕込んでいて当たったら蕎麦をもう一杯進呈

☆ 確実にまっすぐ割れるように、あらかじめ割っておいた箸を接着しておく

☆ 先をばらけさせて小さい箒

☆ 小さいチップ状にして校庭にまくと子供が転んでも危なくない

☆ 小さいチップ状にして素焼きの焼き物と一緒にして表面に色を付ける

☆ 炭にして溶剤に溶かして塗料として使う

☆ こすり合わせて火を起こす

☆ 薄くそいで皮状にして編んで手提げ袋

☆ 竹ひご状にしてすだれを作る

☆ 束ねてすりこぎ棒を作る

- ☆ 糸でつるして天秤状の風のモール（オブジェ）を作る
- ☆ 単にマドラーとして使う
- ☆ 土に縦に打ち込んで土地を硬くする
- ☆ 口に入れて歯茎をこすって歯槽膿漏予防
- ☆ たくさん集めて糸で結んで模型の筏
- ☆ たくさん集めて糸で結んで巻きずしのまきすを作る
- ☆ たくさん集めて糸で結んで模型の柵
- ☆ 鋳型に組んで模型のやぐら
- ☆ 割れているところに手紙を挟んで相手に持っていくと風流
- ☆ 割れているところに矢羽をつけて反対側を鋭利にして矢
- ☆ 薄く削ってプレパラートに貼って杉の組織の標本
- ☆ 薄く削ってツキ板の表面材として使う
- ☆ 削って楊枝を作る
- ☆ 割れているところでV字を広げて、戻る力で物を動かす
- ☆ 割れていない方に顔を描いて箸の人形を作る
- ☆ 布を着物のようにして、足を揃えた人形の脚部として使う
- ☆ たくさん集めて束にしておぼれた時の浮にする
- ☆ 綿をまいて大型綿棒
- ☆ ヘラブナ釣りの浮き

◆ Let's think_ 身近なもの２：コップの使い方の回答例

開発者のための発想道具箱【コップの使い方】

- ☆ カラフルなビー玉を入れて太陽にかざす
- ☆ 牛乳を入れる
- ☆ 電球を入れて点灯させ、スタンド傘代わりにする
- ☆ コップの縁に絵の具を塗って紙にスタンプ代わりに押す芸術
- ☆ たくさん集めて、花壇のヘリを作る
- ☆ コップのヘリを水でぬらして指でこすって楽器にする
- ☆ めちゃめちゃ集めてガラスのお城を作る
- ☆ 地面に適当に伏せて並べて、その上に乗り、飛び石遊びをする
- ☆ 細かく砕いて研磨剤にして使う
- ☆ サイコロを使ってチンチロリン賭博に使う

☆ 細かく砕いて、手吹きガラスの原料として使う

☆ 細かく砕いて鉱物をまぜて、七宝焼きの原料に使う

☆ 細かく砕いて色別にガラス絵の具にしてキャンバスに絵を描く

☆ 手で持って肩たたきなど指圧道具として使う

☆ 氷を入れて風邪の時、頭を冷やすのに使う

☆ 貝殻と同じで、耳に当てて潮騒の音を聞く

☆ 科学の実験器具として使う

☆ 計量に使う

☆ たくさん集めて、伏せて、ベニヤ板と結合させて筏として使う

☆ 伏せた状態で足を乗せて、高下駄代わりにする

☆ テーブルの上に置き、メッセージの紙を丸めて中に入れる

☆ 毎朝、自分の尿を入れて、自分の健康状態を見る

☆ コンパス代わりに円を画くのに使う

☆ 絶縁性を考慮して電線のガイシとして使う

☆ 側面に絵の具を塗って紙の上で転がして絵を書く

☆ 餃子の皮の丸い型抜きに使う

☆ ペーパーウェイト

☆ 縁にペンを固定してサイクロイド曲線を画くのに使う

☆ 紙を巻いて三角帽子を作る型として使う

☆ 底に穴を開けて金属を入れて逆さにつるし風鈴で使う

☆ 口にスピーカーを取り付けてコップスピーカー

☆ 計量する（水などの流体、米などの固体、空気までも）

☆ 楽器にする（スティックで叩く、グラスハープにする）

☆ レンズのように光映像を楽しむ

☆ コップに液体を入れて、光を演出できます。

☆ 型に使う - その1（ゼリー、ロウソク）

☆ 型に使う - その2（濡らした和紙や粘土を巻き、乾かすと別の器に）

☆ 糸電話

☆ 口元に思いきり吸い付けてクチバシ

☆ 色々な色を窓辺に置いてステンドグラス

☆ 机の上で跳び蜘蛛を捕獲！（ちょっと遊んだらちゃんと解放します）

- ☆ 雨漏りを受ける
- ☆ 色とりどりのコップを窓辺にステンドグラス
- ☆ 持ち主のセンス嗜好を理解する鍵
- ☆ 飲むものを形で予感させる
- ☆ 録音する（蓄音機の実験にあるような）
- ☆ 壁に埋込んで窓にする
- ☆ 水を入れて花瓶
- ☆ 土を入れて鉢
- ☆ 手品の道具
- ☆ 楽器
- ☆ うがいの道具
- ☆ アクセサリーの小物入れ
- ☆ 入れ歯のつけおき
- ☆ 硯代わりに墨汁入れ
- ☆ 氷入れ
- ☆ 紙コップで糸電話
- ☆ ペンたて
- ☆ 水中をのぞく箱めがね
- ☆ 目を洗う容器
- ☆ 風呂場でのこどもの遊び道具
- ☆ コンパス代わりに円を描く
- ☆ 歯ブラシ立て
- ☆ さいころゲームの入れ物
- ☆ 灰皿
- ☆ 水を入れて一円玉を浮かすゲームの道具
- ☆ 水を飲む
- ☆ 野菜ジュースを飲む
- ☆ カップ酒を飲む
- ☆ 鉛筆立てにする
- ☆ 歯ブラシを立てる
- ☆ 野菜スティックを立てる
- ☆ ポッキーを立てる

Let's think の回答集

- ☆ 小さい魚を飼う
- ☆ 昆虫を閉じ込める
- ☆ 植物を球根から育てる
- ☆ 頭の上に乗せて小さい帽子
- ☆ 二つ頭に乗せて鬼の真似
- ☆ 目にあてて、双眼鏡の真似
- ☆ 目にあてて、日野日出志のマンガの登場人物の真似
- ☆ 2つつなげて紐で耳にかけ、伊達メガネ
- ☆ 胸にあてて、お医者さんごっこ
- ☆ 2つ胸にあてて、ブラジャーごっこ
- ☆ お腹にあてて、でべそカバー
- ☆ 放り投げて犬と遊ぶ
- ☆ 打楽器
- ☆ 叩き壊してストレス解消
- ☆ 踏み潰してストレス解消
- ☆ 雨漏りの応急処置
- ☆ マジシャンの小道具
- ☆ 小さな虫を閉じこめてちょっとした神様気分になれる
- ☆ 縁を使ってきれいな円を描く
- ☆ コップ酒片手にギャンブル好きおじさんに変身できる
- ☆ 叩きつけるだけで怒りを表現
- ☆ バカラのグラスも「コップ」と呼ぶと気軽に使えそう
- ☆ 水を張って交互に小石を入れて表面張力ゲーム
- ☆ 猫よけになるかも!?
- ☆ 夏休みの宿題で紙コップロボット制作
- ☆ 観葉植物の水差し
- ☆ 水を張って楽器に
- ☆ 壁に埋め込んで部屋の明かり取り
- ☆ ミルクを飲む
- ☆ プリンの型に使う
- ☆ 植物を植える
- ☆ 野菜をたてる

- ☆ 灰皿に使う
- ☆ 計量に使う
- ☆ 水をすくう道具
- ☆ 逆さにしてろうそく立てにする
- ☆ キャンバスにして絵を描く
- ☆ 贈り物にする
- ☆ 氷を入れて振り音を鳴らす
- ☆ 耳にあてて潮騒を聞く
- ☆ たたいて音を聞く
- ☆ 割って音を楽しむ
- ☆ ガラスのコップをすかして風景のゆがみを見る
- ☆ ガラスのコップで光を集めて煙を出す
- ☆ 水を入れて花瓶
- ☆ 土を入れて鉢
- ☆ 手品の道具
- ☆ 楽器
- ☆ うがいの道具
- ☆ アクセサリーの小物入れ
- ☆ 入れ歯のつけおき
- ☆ 硯代わりに墨汁入れ
- ☆ 氷入れ
- ☆ 紙コップで糸電話
- ☆ ペンたて
- ☆ 水中をのぞく箱めがね
- ☆ 目を洗う容器
- ☆ 風呂場でのこどもの遊び道具
- ☆ コンパス代わりに円を描く
- ☆ 歯ブラシ立て
- ☆ さいころゲームの入れ物
- ☆ 灰皿
- ☆ 水を入れて一円玉を浮かすゲームの道具
- ☆ 隣の部屋の壁に向かい、コップの口を当てて物音を聞く

☆　コップの口を使って円を書く

☆　コップの口に絵の具をつけて、スタンピングをする

☆　パレット代わりにする

☆　横に裂いて細かい筒状にし、切り口を眺め、自己満足の後飾る（オブジェ？）

☆　細かいメモを入れて、ガラス越しに眺める

☆　金魚を飼う亀を飼う

☆　ゴキブリを閉じ込めて楽しむ

☆　灰皿代わりにする

☆　反射鏡代わりにする

☆　賭博に使う（見えやすい半か丁か）

☆　飯茶碗にする（引越し当初のまにあわせに）

☆　口を耳に当て、反響を聞いて感傷を楽しむ

☆　ガラス切りで穴を開けて、使い物にならなくする

☆　歯医者で使う、歯形作りの粘土をこねる

☆　腐るものをいれ、腐っていく様子を日々眺める

☆　割りまくって楽しむ。やつあたり

☆　人の口にコップの口をくっつけて眺める

☆　涙をためる

☆　ペンを入れる

☆　小物入れにする

☆　ありんこを入れる

☆　花を生ける

☆　水を汲む

☆　貯金箱にする

☆　逆さにしてスタンプにする

☆　手で塞いだり離したりして音を出す

☆　床に落として割る音を楽しむ

☆　割ってタイルにする

☆　重ねて棚を作る

☆　粉を計る

- ☆ 花びらを浮かべる
- ☆ 土を運ぶ
- ☆ 植木鉢にする
- ☆ 丸めたリボンや紙にくせをつけるのに使う
- ☆ 口にあてて吸うなどして遊ぶ
- ☆ 冬、熱いスープを入れて両手をあたためる
- ☆ 夏、冷たいカルピスを入れて額を冷やす
- ☆ たくさん並べてビーズを入れ、窓際に置いて楽しむ
- ☆ 並べてのぞきこんで歪んだ世界を楽しむ
- ☆ 入れ歯のつけおき洗いに使う。
- ☆ 腕時計のバンドの汚れを洗う。
- ☆ 炊飯ジャーの水気の最終調整に使う。
- ☆ 握りつぶして、激しい悔しさや憤りを表現する。
- ☆ 鋭利な凶器として、攻撃する。
- ☆ 壁にあてて、隣の部屋の様子をうかがう。
- ☆ 紙製ならば、糸電話にして、気になるあの娘の声を聞く。
- ☆ 水の量を変え、何個も用意して音を奏でる。
- ☆ キンキンに冷えた水を入れ、手で冷たさを感じながら飲み干す。
- ☆ 歯ブラシと歯磨きチューブを立てる。
- ☆ 本当に使える洗剤かどうかの目安に、洗ってみる。
- ☆ 土を入れてアリを飼い、アリの働きぶりを見る。
- ☆ ビー玉を入れて、窓際に飾る。
- ☆ ２つ揃えて望遠鏡みたいなメガネ
- ☆ 決して型くずれしないブラジャー
- ☆ おしゃれな補聴器
- ☆ 男用パンツ（ペニスケース）
- ☆ 土の色を楽しむ透明植木鉢
- ☆ いつでもお金が取り出せる貯金箱
- ☆ プールで使えば小さな水中ステーション
- ☆ 車に乗せておけば、渋滞時の簡易トイレ
- ☆ 金魚鉢
- ☆ 型抜きの道具

☆ ふちにインクをつけてハンコに

☆ 水を入れて頭に載せて歩けば、姿勢補正のツールに

☆ 色のついた水を入れて投げれば、インク爆弾に

☆ ろうそくを入れて火を灯せばキャンドルケースに

☆ マスクにもなります

☆ そばを打つときの延ばし棒に

☆ 色を塗れば照明器具のカサに

☆ 下駄の歯になる

☆ ぶら下げて風鈴に

☆ スコップにする

☆ プレゼントのパッケージにする

☆ 砂を詰めてダンベル代わりに

☆ 紙コップなので燃やして暖を取る

☆ 検尿検査

☆ いっぱい集めて伏せて束ねて筏にする

◆ Let's think_ 身近なもの３：ペットボトルの問題点の回答例

開発者のための発想道具箱【ペットボトルの問題点】

☆ いっぱい集めて伏せて束ねて筏にする

☆ 冷たい→結露→書類など置いたところが水浸し

☆ 熱い→持てない→やけど（色で温度がわかる）

☆ 温めたい→電子レンジ→爆発

☆ キャップの分別がしたい→首のリングが取れない→完全分別できない

☆ ラベルの分別がしたい→いちいち剥がす必要がある→めんどうくさい（リユース）

☆ 捨てる容量が大きい→使ったら小さくして捨てたい

☆ 自転車や自動車の運転しながら飲みたいけどこぼす　→安全に飲みたい

☆ もっとふたを開けやすく。

☆ もっと持ちやすく。

◆ Let's think_ 身近なもの４：ドアの回答例
　☆　ドアノブを抑えた引き戸構造だった。ノブをもって右へガラガラすると開きます。人間はノブを握るのが慣習化されるとその動作方離れることができません。これらをアフォーダンスと言います。

◆ Let's think_ 身近なもの５：カーナビ
　☆　蟹ロボットは、左折するべき交差点に来た時、ハサミで左を指すタイプです。
　☆　ペンギンロボットは口がドライブレコーダーになって、話しながら羽で進むべき方向を示します。
　☆　フロントガラスに曲がる方向の矢印が投影されます。

① 蟹ロボット　　　② ペンギンロボット

③ 標識認識機能フロントガラス表示

出典：パイオニア株式会社

おわりに

　これからの世界は知識経営ではなく新価値の創造経営だと考えています。なぜなら知識は、この先、AIが背後にあるビッグデータクラウドのすべてを処理してしまう時代に突入してきているからです。

　今後訪れる時代で人間に残された領域は、新価値を創造する発想力がより一層求められてくると思います。マーケットは、常に人間の欲望によって進化しており、それに対応すべき発想力によってなされます。

　机上の論理議論の時代は終わりました。さあ、あなたがこれを実践する番です。仲間を巻き込んで夢を語り、実行に移すことに、本書が、お役仕立てれば大変幸いで筆者冥利につきます。

　なお、この本に記した講習やセミナーをご希望の方は、hiroshi.toriumi@sho.pat.com までご連絡ください。

　最後に、本書をまとめるにあたり、正林国際特許商標事務所の正林真之所長には、指導者として終始熱心なご指導を頂きました。この場をお借りして心から感謝いたします。

【著者略歴】

経歴

1979 年	パイオニア株式会社入社
	データシステム部　世界初双方向 CATV 開発
	事業部事業企画部　レーザーカラオケシステム企画
	技術開発本部　　　三次元映像表示器研究
	知的財産部　　　　知財開発支援センター所長
	新規事業開発室　　プロジェクトリーダー
2015 年	国立研究開発法人科学技術振興機構（JST）
	社会技術研究開発センター
	気候変動適応技術社会実装プログラム
	主任調査員
2017 年	正林国際特許商標事務所
	調査部
	現在に至る

賞罰

1998 年　日経優秀製品・サービス賞優秀賞を受賞（通信カラオケ）

資格

AIPE 認定シニア知的財産アナリスト（特許）
二級知的財産管理技能士
フィナンシャルプランニング技能士

著作

IP ランドスケープの実践事例集　技術情報協会
　https://www.gijutu.co.jp/doc/b_1996.htm
戦略的「知財経営」の羅針盤　現代書林
　http://www.gendaishorin.co.jp/book/b599977.html

寄稿

IP リポート VOL. 1 【５Ｇ】QUICK Money World
　https://moneyworld.jp/news/05_00015072_news
IP リポート VOL. 4 【自動運転技術その２〜クルマ vs 非クルマ】
　　　　　　　　　　　　　　　　　　QUICK Money World
　https://moneyworld.jp/news/05_00015558_news
IP リポート VOL. 8 【ＥＶ】QUICK Money World
　https://moneyworld.jp/news/05_00016493_news
特許ニュース 10 月 30 日（月）号「今さら聞けない IP ランドスケープⓇ」

ウェビナー

事業を勝利に導く IP ランドスケープ
　https://webinarabc.jp/web/globalip/
日本の特許分析と素材戦争
　https://webinarabc.jp/web/materials/

開発者のための発想道具箱

定価：2,420 円（本体 2,200 円＋税 10％）

発行日	2024 年 12 月 27 日　初版
著　者	鳥海　博
発行所	吉幸林株式会社 〒 108-0075　東京都港区港南 4-6-7 E-mail:support@yoshikorin.jp https://www.yoshikorin.jp/
印刷・製本	株式会社オービーエス

落丁・乱丁本は、お取り替え致します。無断複写・複製を禁止します。
ISBN　978-4-911395-00-4
Printed in japan